大夏书系·语文之道

研究型教师的成长力量

经典文本解读与高品质教学

程春雨 / 著

图书在版编目（CIP）数据

研究型教师的成长力量：经典文本解读与高品质教学/程春雨著.—上海：华东师范大学出版社，2020
　ISBN 978-7-5760-0681-0

　Ⅰ.①研... Ⅱ.①程... Ⅲ.①中学语文课—教学研究—初中 Ⅳ.① G633.302

中国版本图书馆 CIP 数据核字（2020）第 141830 号

大夏书系·语文之道

研究型教师的成长力量
——经典文本解读与高品质教学

著　　者	程春雨
策划编辑	项恩炜
责任编辑	杨　坤　韩贝多
责任校对	殷艳红
封面设计	奇文云海·设计顾问
出版发行	华东师范大学出版社
社　　址	上海市中山北路3663号　邮编　200062
网　　址	www.ecnupress.com.cn
电　　话	021-60821666　行政传真　021-62572105
客服电话	021-62865537
邮购电话	021-62869887　地址　上海市中山北路3663号华东师范大学校内先锋路口
网　　店	http://hdsdcbs.tmall.com
印 刷 者	北京密兴印刷有限公司
开　　本	700×1000　16开
插　　页	1
印　　张	14
字　　数	200千字
版　　次	2020年9月第一版
印　　次	2022年11月第三次
印　　数	9 101—12 100
书　　号	ISBN 978-7-5760-0681-0
定　　价	45.00元

出 版 人　王　焰

（如发现本版图书有印订质量问题，请寄回本社市场部调换或电话021-62865537联系）

推荐语

　　这是一本难能可贵的好书。第一，把文本读得很精细入微；第二，教案设计层层深入。二者有机结合，不但能让学生领悟文本语言的微妙，而且能把握文脉的走向。文章朴素切实，没有时髦花样，引人入胜。

——福建师范大学教授　孙绍振

　　本书较好地解决了部分语文老师在解读文本与设计教学方案时存在的问题：教学的转化完全立足于文本解读的成果，从而使"解读"与"教学"（转化）得到了和谐的统一。在部编语文新教材试行背景下，本书不仅是一些语文新教师入门学习的一本好书，也是中青年教师专业成长中可以借鉴的一本参考书。

——上海市浦东教育发展研究院特级教师　陆新全

　　文本解读及其教学转化，恰是每一位教师专业成长的有效抓手，希望这本凝聚了作者思考与实践智慧的书，能够陪伴你走上专业成长之路。

——上海市建平中学正高级教师　郑朝晖

　　春雨老师写备课、上课、研课，为青年教师展示了一条实现教学成长、专业成熟的研修道路——好教师是上课上出来的，写课写出来的，读书读出来的。

——上海市青浦区教师进修学院正高级教师　关景双

文本解读如何直抵文本核心价值，教学设计如何支持学生语文学习，是语文教学的两大难题。程春雨老师的新著不仅直面难题，更难得的是在文本解读与课堂教学之间铺路架桥，探索教学转化的实践智慧。课例丰富，理念先进，因文立教，不拘一格，令我深受启发。

——上海市浦东教育发展研究院正高级教师　兰保民

无论你想探寻对备课、上课、研课的理性思考，还是想获得具体的课堂操作方法，这本书都可以满足你。春雨老师"润物细无声"的耕耘，是教师专业发展的一个很好的标本。

——华东师范大学教授　王意如

语文教学离不开文本解读，离不开基于学情的教学设计。好的教学设计能为初中生的语文学习打开无限广阔的天地。程春雨老师在这个领域做了扎实的探索。

——上海市建平实验小学高级教师　朱煜

美国学者舒尔曼曾将教师的核心知识表述为"学科教学知识"（PCK）。本书记录了一个中国语文教师自觉冶炼和转化名篇阅读教学知识的精彩瞬间。春雨老师不但很在行地解读文本，还将其中的教学故事有滋有味地娓娓道来，使本书既具有一定的理论价值和实用价值，也具有很强的可读性。这是一位青年教师拥抱教学生活，践行专业化发展的生动样本。

——西南大学文学院教授　荣维东

程春雨老师通过反复品读、文本细读、资料参照等方式沉潜文本深处打开文本使之变得敞亮。基于此的教学转化更加科学、专业、有力。其课堂教学也因冲刺挑战性问题的设计与组织精彩的学习活动而让真正的学习、深度的学习自然发生，精彩不断。

——中国浦东干部学院副教授　李冲锋

以案说法，用心之作，见仁见智，切磋琢磨。

——成都大学教育科学学院教授　陈大伟

春雨一直迷恋课堂，确切地说，是迷恋课堂改进。最近几年，他以学教翻转为切口，掘开了语文教学的深度转型之路。这条路注定是一条艰辛之路，但春雨走得很从容，因为他的课堂改进是建立在自动自发的、非功利基础上的行动研究。春雨一直和孩子们站在一起建设课堂，他以一厘米之变的精神向着既定的方向掘进。听了他的课，再来观察他的成长历程，让我更加确信，春雨一定能教出更多有力量的孩子！由衷地祝贺春雨，祝福春雨！

——《中国教师报·现代课堂周刊》主编　褚清源

春雨老师有才情、有教育理想，并持续不断地耕耘在三尺讲台上，他心里装着学生的长远发展，实践以人为本的育人目标。在语文教学上，春雨老师以语文课堂为中心，采用学习共同体这种先进的教学组织方式，向着研究型教师的方向扎实迈进。这本书就是他执着付出的案例成果，必定会给一线语文教师带来深层次的启发和影响。

——上海教育出版社报刊发展中心主任　张少杰

程春雨老师的大作不同于寻常的教材解读，也不是一般性的课例分享，更非专题探讨教师发展的著作，而是在"备课、上课、研课"这一教学活动过程中，贯穿读书、写作、名师引领及同伴互助这一线索，以综合融通的方式，展现了一位青年语文教师全身心浸入初中语文课程的教学历程、心路历程及成长历程。

——《教育发展研究》编辑部主任　林岚

深深感佩春雨老师如此醉心于文本解读，痴迷于语文课堂，执着于专业写作。这本书见证了春雨老师独立"裸读"文本的真功夫，记录了他本真有效的课堂实践，更凝聚了深度钻研语文教学的智慧和思想。

——上海市建平实验中学正高级教师　周丽君

这本书成功地将"解读"转化为有效的"教学"。目前，我们部分语文教师，在解读文本与设计教学方案时存在着两个问题：或者是文本解读不错，但就是无法将文本解读获得的成果在教学设计中科学落实；或者是教学设计不错，但由于文本解读不到位，从表面看，课上得不错，但教学效果就是不太理想。

春雨和他的学生们正在共同创造着一块语文的飞地，让我们愈发为其中的天真自然而感动。在探索这块飞地中，新的突破一旦产生，新的意义便立刻改变着我们此在的世界。

——学习共同体研究院执行院长　谈杨

目　录

序一　教师应过上高品质的专业生活　　001
序二　专家型教师是怎样炼成的　　005

辑一　备课：文本解读与高品质教学设计

"玩唱"唐诗
　　——以《过故人庄》的教学为例　　003

散文不能"散"着教
　　——以《秋天的怀念》的教学为例　　015

在"未知"与"已知"中间架起一座"桥"
　　——以《桥》的教学为例　　027

"切入·贯穿·细品"三位一体的长文短教
　　——以《爸爸的花儿落了》的教学为例　　040

从提炼信息到解决问题
　　——以《天游峰的扫路人》的教学为例　　049

小说视域下的文本解读与教学建议
　　——以《桃花源记》的教学为例　　060

辑二　上课：文本解读与高品质教学实施

语言建构是学习语文的基石

——以《背影》的教学为例　069

收放有节，张弛有度

——以《鸟》的教学为例　082

顺势抛锚，逆势而思

——以《社戏》的教学为例谈如何撬动学生的思维　096

倾听来自学生的声音

——以《卖油翁》的教学为例　110

在"对话"中学习对话

——以《老王》的教学为例　119

叙事类文本的解读与写作素养的培养

——以《藤野先生》的教学为例　129

研课:从课后研讨反观文本解读

  执果寻因做访谈

  ——小方同学在小组合作学习中表现的背后 **145**

  我的第一堂成熟的学习共同体的语文课

  ——从《爱莲说》说起 **153**

  语文教学的深度修炼手册

  ——学共九式 **167**

  浅谈中考改革大背景下的初中古诗文教学 **179**

后记 一个一线教师的专业成长之路 **189**

序一　教师应过上高品质的专业生活

程春雨老师是建平实验中学语文组的一名稀缺的青年男教师，也曾经是浦东新区李百艳语文教师培训基地的学员。作为校长和他的学科导师，看着他一天天成长、一天天成熟，我倍感欣慰。据他自己回忆，三年前我们在一次工作交谈中，我曾对他说，年轻是用来拼搏奋斗的，要在教学上多下功夫，在研究上多花心思，做个专业人士，成为一名研究型教师。说者无意听者有心，如今程老师的《研究型教师的成长力量：经典文本解读与高品质教学》出版在即，我感到格外欣喜，于是欣然提笔，为之作序。

我多次和老师们强调，教师这一职业是一种专业性职业，我们一定要牢记自己是专业人员。1966年，联合国教科文组织在《关于教师地位的建议》中提出，教师工作应被视为一种专门职业。将教书育人作为专门职业的教师，是有专业门槛、专业壁垒和专业权利的，然而，想要获得这份专业资质与优势，需要接受专业的师范教育，经过严格的专业训练与持续不断的学习、研究，这就决定了教师要过一种专业化的生活。教师发展的核心是教师的专业能力建设，而教师专业能力的建设是通过教师自身努力和外部环境协同作用的结果。教师发展与学校发展是相互影响、相互锁定的关系，这一点在青年教师程春雨身上得到了充分验证。

上海市建平实验中学作为浦东新区的教师发展学校，始终将打造一支师德高尚、业务精湛、充满魅力的仁爱教师队伍置于学校工作的首位。我本人在20多年的语文教学中逐步提炼出"以人为本、以文为根，教文育人、立文立人"的教育理念也逐渐为本校语文教研组和语文教师培训基地的老师们所认同。在教学实践中,我们深入挖掘语文学科的独特育人价值,专注深耕契合初中生心理的"魅力语文""对话教学",积极探索德育、智育、美育的同频共振、相得益彰的课堂融合,先后荣获浦东新区优秀教研组、上海市巾帼文明岗等荣誉。语文教师培训基地也始终围绕"深耕""孵化"两个关键词开展工作,充分尊重教师发展的专业自主权,致力于培养一个有自信力的优秀语文教师团队,持续提升教师的专业水准与育人境界。

学校、语文教研组、语文教师培训基地以及其他专业平台协同作用,形成了良好的教师专业发展生态环境,积极助力教师的专业成长,程春雨老师就是在此环境中迅速成长并脱颖而出的青年教师代表。

过上高品质的专业生活更需要教师点燃个人内驱力,这种内驱力源自教师对教育事业的无限热爱、执着追求与深刻的职业觉醒。教师要有"板凳坐得十年冷"的专业定力,有"为伊消得人憔悴"的痴心坚守,有"领异标新二月花"的创新勇气,沉住气、静下心、钻进去、出得来。"专业"不是说出来的,而是一步一步做出来的,一点一滴积累出来的。程春雨老师如饥似渴地阅读充电,坚持不懈地细琢深研,持之以恒地实践反思,笔耕不辍地写作沉淀给我留下了深刻的印象。备课、上课、研课构成了他专业生活的三部曲;读书、实践、写作奏响了他专业生活的主旋律;组织享读社团,进入基地研修,加盟学习共同体又使他的专业成长得以加速。这份十多万字的书稿记录了程春雨老师专业生活中的点点滴滴,总结了学科教学中的宝贵经验,更凝聚了程春雨老师专业研究的智慧心血。

程春雨老师在语文教学专业研究领域选择了极为重要的切入点与突破口——文本解读。于漪老师说,文本解读是语文教师的"坎",要陪伴语文教师一辈子。语文教师要立得起来,就必须跨过这道坎,这非常不容易。文本解读能力彰显着语文教师的专业功底、文化底蕴与教育智慧。文本解读是语文教师进行教学设计与教学实施的前提,是语文阅读教学厚重与饱满的关键,是实现语文教学真实有效、深层对话的保障。

毋庸讳言,现阶段文本解读仍是不少语文教师的软肋。个别教师由于长期以来形成的对教参的依赖和对通行解释的迷信,文本解读过程倒置,主体缺位，即不是先阅读文本，而是先阅读教材说明和其他参考资料后再读文本，有的甚至对文本过而不入，没有自己的阅读体验与独到发现；个别教师由于语文素养的欠缺、阅读视野的封闭以及钻研的不够，呈现出对文本的偏读、浅读，甚至于错读，以至于在教学中充当教学参考和标准答案的"传声筒"，照本宣科，生搬硬套，造成课堂对话肤浅低效甚至虚假无效。

程春雨老师深度研习钱理群教授、孙绍振先生有关文本解读理论与方法的著作，将其思想内化于自身的教学实践中。在本书中，他选取了《过故人庄》《背影》《老王》《秋天的怀念》《社戏》等十多篇经典文本，涉足诗歌、散文、小说等不同文学体裁，细致呈现了从文本解读、精心设计到教学实施、教后反思的全过程，既有前沿理论作支撑，又有宝贵的实践经验作案例。如在《老王》的教学实例中，他阐释了认识对话及对话教学；解释了教师、学生、文本在"对话"中的关系；总结了对话在教学中的规则和方法；明确了对话的作用和意义。教师不带有任何成见与现成结论，而是以一种平静的心态、新鲜的感觉去触摸文本，用心灵和文本对话，和作者对话，从而走进作者的情感世界，与之进行情感的交流、思维的碰撞与精神的相遇。通过核心问题"我和老王是什么关系"引导教师与学生、学生与学生、学生与教材进行多元对话。程老师还开拓了提问、追问、反问等具体的对话方法路径，扎实有效，有一定的借鉴价值。

一名语文教师在专业发展上的价值应该体现在他的课堂教学上。在众多的教师专业发展路径中，积累自己的课堂教学经典案例，是最有效、最实际的做法。因此，无论是从语文教师个人专业成长与发展路径来看，还是从一节优质高效的语文好课标准来看，程春雨老师的这本《研究型教师的成长力量：经典文本解读与高品质教学》都值得一线语文教师，尤其是青年语文教师借鉴和阅读。我愿把它推荐给广大的语文教师和语文教育研究者，也希望更多的青年教师能够像他一样过上高品质的专业生活。

上海市建平实验中学校长　李百艳

序二　专家型教师是怎样炼成的

本来是暑假时间,春雨老师却一刻不得闲,他在做《研究型教师的成长力量:经典文本解读与高品质教学》书稿的最后修订。对于一位坚持研究立场的语文老师来说,这是梦想成真的一刻,而为了这一刻,春雨老师努力了很多年。春雨老师颇有古代文人气质,爱喝酒、爱写诗、爱交朋友,因此他非常适合做语文老师;同时他也有现代冒险家的特点,爱折腾、爱搞研究、爱自我挑战,他不太想做按部就班的语文老师,他要做一个语文领域的研究者和领航者,这或许就是春雨老师的"小目标"。

本书主要分成三辑,围绕语文老师的主业——备课、上课、研课来展开,春雨老师选了十多篇经典篇目,其中《爱莲说》《天游峰的扫路人》等,我参与了研课的全过程,感触颇深。为了挖掘出这些经典篇章的内涵,为了让学生能够充分地理解和体会文章的深意,为了让学生们真正热爱语文和学会学习语文,春雨老师背后的付出是难以想象的。但对于实现梦想过程中的每一步,春雨老师并没有将其称为"困难",就如同他经常说起的《过故人庄》里的新奇设计,他的内心里一直有一种雀跃的声音——"嘿嘿",套用一句经典语录,这是"革命乐观主义精神"。据我观察,很多专家型教师都具备这样一种精神气质。

我和春雨老师还共同研究过《百合花开》这个课例,在我的研究生涯中留下了不可磨灭的记忆。《百合花开》是林清玄的一篇哲理散文,写一株百合花长在偏僻的断崖之上,最初它长得与野草一模一样,但它知道自己是一株百合,所以它努力吸收养分向上生长,并开出了花苞,野草嘲笑它,蜂蝶鸟雀劝告它，它都不听，继续生长，终于开出了洁白美丽的花朵。年复一年，百合的种子飘落各处，百合花越开越多，最后形成远近闻名的百合谷，吸引着很多人前来欣赏。现在想来，这篇文章里的百合和春雨老师有几分神似。

这是一篇托物言志的哲理散文，春雨老师进行了最初的教学设计，我和团队的几位老师以学生的学习状态和效果为核心进行研究，我们共同探讨如何进行改进。春雨老师敢于自我否定，采用新的教学方式，解放学生的思维，倾听学生对文本的独特理解，学生学习的积极性和主动性不断提高，就连平时学习最困难的学生也开始投入到学习中，并产生了"逆袭"的现象。我能够深刻感受到春雨老师的变化，他的身体姿态越来越柔软，节奏沉稳坚定，在带领孩子进行揣摩文本的过程中，娴熟地串联和反刍，语文的功底越来越扎实。看到这个完全不同的春雨老师，看到他焕然一新的姿态，我不禁在心里说："春雨老师的'百合花开了'。"春雨老师不但自己上课，而且还带领了一个研究团队在不断实践，他们如同百合花一样灿烂明媚。我很喜欢春雨老师在《百合花开》一课上送给孩子们的一句话："你若盛开，清风自来。"这正是春雨老师珍贵的人生体验吧。

春雨老师将在研究中获得的惊喜不断转化为研究动力，他总是在进行创新性的尝试。作为语文老师，他觉得要不断地提高自身的文本解读能力，否则在学生进行研讨的时候，很难接住他们抛过来的球。于是他开始痴心于文本分读，跟着语文学科专家李冲锋博士研究文本解读，还把李博士推荐的孙绍振教授的《文本细读》等专著啃了好几本；为了进行高品质的学习设计，他开放自己的课堂，让伙伴们都来做观察员，观察学生，共同研究改进策略。他进入了一种如痴如醉的状态，那些曾经束之高阁的专业书全都拿来阅读，每每读起来都欣然忘食，用春雨老师的话说，他品出了语文的味道，找到了语文教学的门道。春雨老师几乎"光速"般地成长，在同龄的青年教师中脱颖而出。

现在春雨老师是学习共同体研究院的指导专家和领航教师，学习共同体的课堂是以学生的高品质学习为核心的课堂，教师要从知识的讲授者转变成学生的倾听者，倾听成为教师的核心工作。这可能要颠覆很多人对课堂教学以及教师专业的认知。教师要摒弃"以自我为中心"，重构以学生为中心的课堂新生态。这是对教师专业的新挑战，也是对课堂的根本性变革。对多数人来说，"挑战"和"变革"并不是好词，因为这将意味着自发否定，意味着大量的额外付出，意味着不确定性和风险。而领航教师们往往都不太在乎自己付出了多少或者得到了多少，他们有自己的精神追求，有自己的行动准则，只要觉得是正确的事情，就要坚持去做，即便付出比别人更多的努力，忍耐长时间的不确定性，他们仍然会坚持，而且保持着热情和乐趣，这是一种非常独特的精神，值得人细细体会。

选择了学习共同体，就是选择了一种以"研究"为核心的专业生活，也就选择了只能前进不能停滞的人生状态。只因为我们看到了课堂的真实风景，看到了学生的学习困境和需求，看到了教育生态中的症结，这些实践中不断出现的各种问题引领着学习共同体的研究和实践方向。领航教师如何确定航向？他们靠的是对教学实践的深刻理解，对学生学习需求的敏感捕捉，进而对自己的实践进行反思、改进和重构，这些都是领航教师做研究的根本动力。目前几乎所有的领航教师都有写作的习惯，而且都有自己独特的研究成果。这是我们引以为豪的。领航教师们走在一起，基本上探讨的都是课堂教学的问题，或者交流最近的读书心得，或者畅谈发展设想。有时候自己也感觉到很神奇，走在这些领航教师身边，如同被强烈的光吸引，前路变得如此澄澈透亮。

春雨老师的研究是非常得法的，几乎将每一节课的备课、上课都作为研究对象，为此，他遍访大家、名师，得到孙绍振教授、郑朝晖校长、李百艳校长等大师的指导，因此他对语文教学的理解越来越深刻、独到；他饱读诗书，以文本解读和学习共同体的专业书籍为核心进行阅读，大量的阅读改变着他的思考方式和行动方式；他将每一次的思考都转化为文章，从感悟到课例报告再到论文，写作的实践让他不断内省反刍，研究成果的累积为他搭建了向上成长的阶梯。

专业成长之路确实不易，春雨老师足音铿锵，他的付出和成果也是有目共睹。书中的十多个精雕细琢的课例，如同他清晰的足迹，循着它，我们很多老师可以走得更加坚定、长远！未来的教师一定要做专家型教师，不但要成为"教的专家"，更要成为"学的专家"。所谓"学的专家"就是自己要成为真正的学习者，向儿童学习、向同伴学习、向其他领域学习，以儿童的需求为中心进行高品质的学习设计，并不断迭代与突破。这是教师们新的挑战，春雨老师所代表的领航教师们已经在行动了，期待更多的老师们一起来挑战！

学习共同体研究院院长　陈静静

辑一 备课：文本解读与高品质教学设计

"玩唱"唐诗
——以《过故人庄》的教学为例

选择唐诗作为一篇备课的课例，对我而言是极具挑战的。一是我对诗歌的研究不多，在教学中没有太多的实践经验；二是诗歌本身就是教学中的一个"神秘"领域，教得好的老师不多，多数是把诗歌翻译、串讲一下草草了事。怀着对诗歌教学的敬畏之心，我打算通过呈现一次完整的备课过程，来谈谈我对诗歌教学的想法。

如果你不想用传统模式来上课，就得把这首唐诗读出味道，讲出道道，怎么办？那就得从解读文本开始。谈到解读，我喜欢在没有任何参考的前提下将大把的时间花在"读"上。俗话说，"书读百遍其义自见"，这是有道理的。刚拿到文本，尤其是曾经教过的或者读过的、听过的，往往会产生一种思维定式，总想着教参怎么处理的，别人怎么理解的，网上怎么说的。备着备着别人的东西越来越多，自己的想法越来越少。在没有灵感之前，我会选择静静地一遍又一遍地读文章。

一、备课的三个阶段

1. 要让自己沉浸在文本之中

叶圣陶先生说"作者思有路，遵路识斯真"。这里的"遵"本义是顺着，沿着。我的理解是，作者在完成作品的时候，已经伏好了脉，就等着读者顺着线索一路找来。顾城的《小巷》我觉得非常适合比喻"遵路"的过程。"小巷 / 又弯又长 / 没有门 / 没有窗 / 我拿把旧钥匙 / 敲着厚厚的墙"。在你没找到那条通向作者心灵深处的路时，在你面前的就是一条又弯又长，没有门也没有窗的小巷。你有两条路可走，一是拿着"大铁锤"把挡在你面前的"厚厚的墙"砸碎。这种强硬的手段看似找到了一条出路，实则是一种"破壁"的行为，是让你从文本中"走出去"而非"走进来"。二是拿着那把"旧钥匙"，找到打开这堵"厚厚的墙"的机关。

那么孟浩然的这首《过故人庄》的机关在哪里呢？我们又该如何找到打开机关的那把"旧钥匙"呢？当你已经沉浸在文本中忘乎所以的时候，就可以开始到诗中去寻找各种有用的信息了。

2. 字斟句酌，读懂字面意思

诗人在写诗的时候往往是字斟句酌，因此成熟的作品是反复修改的结果。这一阶段，你要逐字去读，慢慢吃透。边读边想，边想边问，边问边答，可以跟文本对话，跟作者对话，也可以跟自己对话。

过故人庄

孟浩然

故人具鸡黍，邀我至田家。
绿树村边合，青山郭外斜。
开轩面场圃，把酒话桑麻。
待到重阳日，还来就菊花。

文题"过故人庄"就暗含很多信息，"过"是"拜访"的意思，这个不是重点。重点是"故人"和"庄"。能和孟浩然成为"故人"的是什么样的人？真的会是一个大字不识的庄稼汉吗？还是一位同作者一样的隐者呢？这两种不同的猜测可能会带来截然不同的理解。而"庄"字之问，与前面的问题就有关了。如果所拜访之人真是一个庄稼汉，那么这个"庄"就隐含着"故人"所居住的村庄的意思；如果拜访之人是个隐者，那么这个"庄"字，就有可能是故人的庄了，也就是故人是这个"庄"的主人。

首联"故人具鸡黍，邀我至田家"。把"鸡黍"换成"红薯"或者别的什么可以吗？"邀"字和文题中的"过"字，是否矛盾呢？文题说"拜访"故人庄，这里却又说故人"邀请"我到他家里去做客。姑且先不论到底是怎么一回事，就在这一个个的问题中，我们会慢慢地发现诗文的脉络。这里就有一点可以明确，文题中的"过"与首联中的"邀"字是有关联的。要想弄清楚，还得把注意力放在第一句"故人具鸡黍"上。这句话直译过来是"老朋友准备了鸡和黍"。诗人怎么知道老朋友准备了什么呢？显然，在这之前，该有一个缘由或者约定，抑或是"故人"写过一封邀请函之类的给诗人，其中提到过"鸡黍"，当然还可能是诗人的猜测。这些都有可能。孙绍振教授在他的《名作细读——微观分析个案研究》一书中介绍过"还原法"，简单地说就是还原文本或者作者写作之时的情境。还原法需要借助读者的主观联想，但这种主观联想绝不是毫无根据的臆断和妄想。就像我对"鸡黍"的推断，是有一定的逻辑依据的。作者还未到故人家，怎么就知道故人准备了鸡黍呢？至于为什么说"还没到故人家"，这得看颔联"绿树村边合，青山郭外斜"，这句话明显是诗人在"庄"外所见之景——村边有绿树环绕，郭外有青山依靠。这样一想，前面的"还原"就合乎情理了。

颈联"开轩面场圃，把酒话桑麻"。这一联中出现了与孟浩然这个"诗人"身份不相符的行为——"话桑麻"。按照常理，诗人应该聊"诗"才对，怎么两个人喝着酒却谈论着农事呢？这里的矛盾又要和上文的"故人"的身份有关联了，如果故人是同作者一样的隐者，那么他们"把酒"言欢却不似一般文人的"雅集"，不谈诗文论庄稼，有点让人意外；如果"故人"的身份是庄稼汉，这里的"话桑麻"就显得合理多了，但是一个诗人同一个庄稼汉谈论农事真的投机吗？让我更感兴趣的是"桑麻"与尾联的"菊花"。且看"话桑麻"，这是他们喝酒时谈论的话题，再看"就菊花"，这个"就"字是"靠近"的意思。一个"话"一个"就"，显然所谈论的桑麻是主题，而菊花不过是陪衬罢了。如果将这两个词调换一下位置，在我看来就再合适不过了。变成"把酒话菊花"，"还来就桑麻"，整首诗的理解就又是一番味道了。按照变换后的意思，我们可以做个梳理：

诗人接到"故人"的信，信中说，故人准备了鸡黍要与诗人把酒言欢。诗人到了村外一看，绿树环绕青山相依，确实是个好地方。两个人敞开窗户，赏着菊花喝着酒，谈诗论文好不快乐。一转眼要离别了，两个人约定明年这个时候还要来这里看看庄稼。

这样一读，也很顺畅。可是诗人为什么要制造这些悬念和矛盾呢？我想，解开这个问题便能"遵路识斯真"了。

以上的备课过程就是我平时备课的真实写照，我就是这么思考的。第一阶段是枯燥乏味、没完没了、不厌其烦地读，第二个阶段是不借助任何资料进行解读，在这个过程中会有很多有趣的也很幼稚的问题，我都一一记录下来，有用的没用的，只有到了教学转换的环节才能知道这些解读到底该怎么用，哪些能用，哪些不能用。这一次细致地触碰文本，挖掘出很多信息，同时也存在一些困惑。

3. 查找文献资料，深度解读诗文

查找文献绝不仅限于一些名师的教案，我关注的是关于这首诗的评价和解读一类的资料。清人沈德潜称孟诗"语淡而味终不薄"，闻一多先生说孟浩然的诗"淡到看不见诗"。这首诗是作者孟浩然隐居鹿门山时，对去朋友家做客这件事的描写。作者醉心于美丽的田园风光，创作出这首诗。

在所查的资料中，让我最感兴趣的是"淡"，这是我解读文本时没有读到的。有了这个启发，再读文本就不再停留在字面上了。所谓"诗缘情"，诗人有什么样的情写什么样的诗，同样有什么样的诗传什么样的情。诗人在写这首诗的时候该有怎样的情呢？李明在《孟浩然〈过故人庄〉的两个层次》一文中说："所抒发的感情是淡雅的，体现的是作者乐在其中的情趣，这种情趣贯穿全诗始终。诗歌中的田园乐趣从无到有，从淡到浓，从浓到醇，符合人的情感发展规律，体现了一种质性自然之美。这种美至少可分为两个层次来理解：第一个层次是表层的，体现一种生态的和谐，是感官之美；第二个层次是深层的，寄托着作者浪漫的理想，是心灵之美。"[1]李明先生认为，

---

[1] 李明. 孟浩然《过故人庄》的两个层次［J］. 大学教育，2012（11）.

这首诗抒发的感情是淡雅的。沈德潜的评价"语淡而味终不薄","语淡"主要指这首诗的语言平实质朴，没有过多的修饰和雕琢。"味终不薄"指的是诗中所蕴含的情感内涵。用平淡的语言来表达丰富的情感内涵，这的确有点"强人所难"，但是诗人却运用得得心应手，这首诗写的是浑然天成。所以《瀛奎律髓》中说："此诗句句自然，无刻划之迹。"

我决定将解读的重点放在对"语淡而味终不薄"的理解、赏析上，如果能说通了，接下来就有可能带着学生走上更高的学诗阶段。先把着力点放在对语言的品析上。

（1）动词之妙。

首联"故人具鸡黍，邀我至田家"，故人、鸡黍、我和田家，这四个再寻常不过的词语不过是在陈述事实，一"具"一"邀"两个动词才是情感的体现。且不说"鸡黍"在当时是否是家宴中的寻常菜肴，单说这个"具"字，主人为诗人的到来提早准备，足见对诗人的心诚、重视。而一个"邀"字更是热情洋溢。此联，虽明写"故人"的行为，但却暗含了"我"的情感。此处，可做一联想，在鹿门山过着隐居生活的诗人，在面对老朋友的设酒杀鸡的热情邀请之时，一定是爽快答应，欣然前往的。明明是心情愉快，却不流露，反而轻描淡写地将"过故人庄"的原因交代出来，其用意在蓄势，也在蓄情。

（2）别具一番韵味的寻常之景。

颔联"绿树村边合，青山郭外斜"，有人说，颔联的景是"美"的。村边的绿树，城外的青山，在现代都市人的眼中绝对是诗一般的美景。但在一千多年前的唐朝，对过着隐居生活的诗人来说，难道这算得上是美景吗？不过是寻常之景罢了。何处没绿树，何处无青山？我以为诗人在颔联点出"田家"的位置，并不是为了用"美景"相称，而是告知读者，"田家"就是"田家"，"田家"就该是这样一种恬淡的景致。这种寻常无奇的景致反而增添了诗人对"田家"的向往和对这次聚会的期待之情。

再看诗人是如何来写这两句景色的。"绿树村边"本是静景，但诗人巧用了一个"合"字。一则可见村庄被绿树环绕；二则将静景写"活"了。同样的道理,一个"斜"字把"青山郭外"写得富有生气。这两句诗,静中有动,动中有静,动静结合,入画则静,入诗则动。真乃妙绝!

(3)把酒畅饮中的错位表达。

颈联"开轩面场圃,把酒话桑麻",大唐诗人的生活中怎么能没有酒呢?"李白斗酒诗百篇,长安市上酒家眠"。杜甫晚年生活贫困潦倒却念念不忘杯中之物,"艰难苦恨繁霜鬓,潦倒新停浊酒杯"。"酒"是唐诗中不可或缺之物,孟浩然自然也好饮酒。朋友相见如何少得了酒呢?因此,喝酒又成了寻常之事,而喝到高兴之时"开轩面场圃"就显得自然和谐了。此时,相比较前两联的平静与恬淡,这两句诗情感陡升,"把酒"之中,似有无限的话语想要倾诉,但二人却选择了"桑麻"作为畅谈的话题,这着实出人意料。

村外有绿树,郭外有青山,眼前还有菊花,无论谈论哪个话题都是符合诗人的身份的。但诗人却恰恰选择了"桑麻"(庄稼)作为谈资,可以说是有悖常情。但就是这有悖常情、常理的选择,却成就了千古传诵的田园诗作。我对"桑麻"有这样几个理解:首先,做客"田家",吃着"鸡黍",看着"场圃",自然要谈些应景的事,这是自然地流露,不做作;其次,诗人现在隐居鹿门山,过着与世无争的日子,相比较功名利禄而言,他更关心"桑麻";再次,"桑麻"不但是诗人真实生活的写照,更是他内心对田园生活的向往。因此,在诗的末尾,"菊花"成了陪衬,"桑麻"成了主角。这种错位的表达方式,正是诗歌的高妙之处。此外,这一联的关键还在于情感上的蓄势,"开轩"与"把酒"皆有豪爽之气,情感再次升级。

(4)重阳相约,菊花作陪。

尾联"待到重阳日,还来就菊花",主客二人相谈甚欢,意犹未尽,所以约定明年重阳节再来这里赏菊、饮酒。这种浓郁的情感应该是自然流露出来的。提到"菊花",就不能不谈陶渊明,周敦颐的《爱莲说》中说"晋陶渊明独爱菊……予谓菊,花之隐逸者也",是陶渊明的隐逸赋予了菊花这样的象征义。本诗的结尾出现了"菊花",是巧合还是另有意义?我想二者兼而有之。如果说,主人爱菊,种菊花观赏就再正常不过了。这样想来,主人也必定是一位鸿儒骚人了,主客二人情投意合又都喜爱菊花,这是说得过去的。

另一种理解，赏菊花话桑麻，菊花虽美但终究要过活，理想和现实是不可分的，也是分不开的。诗人有自己的理想，但也要活在现实中。如果能在现实中实现自己的理想，那么这二者就可合二为一了。本诗的作者就达到了将理想与现实合二为一的境界了，"桑麻"既是现实也是理想，"菊花"既是理想也是现实。这也就是为什么要用"就"，而非"赏、观、看"等字的原因。

读到这里，我恍然大悟，原来《过故人庄》不但记叙了诗人拜访故交的事件，表达了诗人与故人之间真挚的情谊，更暗含着诗人的志趣和向往：田园才是孟浩然自在的精神家园。

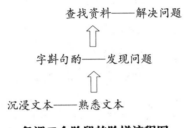

备课三个阶段的阶梯流程图

二、教学转化的两个着力点

在教学转化的这个部分，我想表达一个观点：真正读懂文本之后而实施的教学转化，是不会违背学科本质、课程标准、教学要求的。接下来，我在用实践来证实这一假设的同时，也试图将我在教学转化中的一些想法尽可能地表达出来，表达清楚。

1. 玩出味道

我将教学的一个着力点确定为：品味语言，理解"语淡而味终不薄"在诗中的具体表现。语言是思想的外壳，要想了解诗人当时的情感态度，就必须借助语言这一外显的线索。而在分析语言的过程中，我们不但要让学生慢慢走进诗人的内心世界，更要让学生走进诗人为我们所营造的语言世界，从而学习理解、分析、运用语言的方法，去营造自己思想中的人、事、物、景、情。

为什么要选择"玩"这个方式学诗？首先，从诗人写诗的角度来看，诗要在极为有限的字数内叙事、写景、抒情、言志……这就要求诗人在用词炼字上做到极致。贾岛的"推敲诗话"就是经典的例子。以前文人们聚会，总是喜欢拿出一位大诗人的不为人熟知的一首诗，再挖去其中的一字，然后大家各写一字填进去，最后发现还是原字用得最好。那么《过故人庄》这首诗也有一些地方非常值得推敲、品味，如果教师拿着《唐诗鉴赏辞典》或者"百度百科"等资料来照本宣科，诗的味道可能就变了。

其次，从学生学习的过程来看，"学习"，先"学"后"习"，"学"是一个过程，"习"是对"学"的结果的检测和训练。教师要在这个过程中借助一定的手段，促使学生的"学"真的发生，在思考、分析、合作、探究的过程中把书本的知识内化为自己的储备，把死的知识转化为活的技能，而不是蜻蜓点水、走马观花。从未知到已知的过程可以选择"教"，即直接讲解、灌输，把老师知道的、读到的全都讲给学生，至于他们能掌握多少要看老师讲的水平。同时也要看学生的领悟能力，这种教学方式对于那些悟性好、能力强的学生有利，他们可以不用花太多的时间，就可以从老师那儿直接得到自己要学的知识，这是走捷径。但这种方式也有坏处，老师直接把结果告诉学生，那么学生也就不再主动去研究和探索了。这种情况往往是学习发生了也就结束了。从未知到已知的过程可以用"教"的方式来达成，但要想让学生从已知再到未知去研究去探索，还得依靠学生自己。在这两个知识习得的过程中，教师扮演的角色是不同的，前者的教师是教育者，主宰了课堂教学，也主宰着学生的学习；后者的教师既是教育者也是学习者，与学生一起研究、探讨，相互学习和促进。高品质的教学设计能让学生的思维得到更高层次的提升，同时也会获得一定的成就感。具体到《过故人庄》这首诗的"玩"的设计，我想可以把其中的几个地方"挖掉"，让学生补填。

过故人庄

孟浩然

故人具鸡黍，邀我至田家。

绿树村边（　　），青山郭外（　　）。

开轩面场圃，把酒话桑麻。

待到重阳日，还来（　　）菊花。

2. 唱出新意

长期以来，我们的教学都是教师讲学生听，教师既是导演又是主演，学生虽是演员但不过是个"跑龙套"的角色。这种授课形式对于老师来说，很难实现专业成长，因为老师在一直不停地往外"倾倒"知识，这个过程好比春蚕吐丝；对学生来说，这种方式也很难实现思维的提升，因为要不停地记录老师的话。虽然倾听和记录都是获取信息的过程，但是如果没有思考的时间和发言的机会，那所听到的内容就会大打折扣。最终的结果就是老师教得越多，学生忘得越多；学生记得快，忘得也快。这种教学中普遍存在的问题，也是语文教学面临的问题。要想打破这个局面，教师先要打破思维定式，转变个人的"教育哲学"。要学会给语文教学松绑，给自己松绑，同时也要给学生提供展示和发言的时间与空间。

我想到用"唱"这种方式来学习《过故人庄》这首唐诗，是受到梁俊老师和他的学生们唱《苔》的启发。"词"可以唱，为什么"诗"就不能唱呢？有了这个念头之后，我就思考着这首诗适合"唱"吗？

从诗的内容来看，这是一首典型的田园诗。读上去自然而又淡雅，整首诗以叙事和描写为主，虽未直接抒情，但不是没有情，然而这种情感是隐藏在文字内部的，需要以分析理解为前提。整首诗的情感应该是由淡到浓的，通过一些动词的使用融情于事、融情于景。这种渐变的情感如果用朗诵的方式来把握对于学生和老师来说都有难度，但是要想唱就容易多了。

至于要怎么"唱"出来，这个难题应该留给学生去解决。唱好唱坏不重要，什么形式也不重要，重要的是如何演绎作者的情感变化，这是关键。而在演绎的过程中，学生对诗文的理解又起到了支撑的作用。因此，"唱"不在于形式，而在于通过"唱"加深学生对诗文的理解及对诗人情感的把握。

当然，如果学生不知道该如何下手，老师就要给学生提供一定的"支

架",让他们能"遵路识真"。例如在每一句诗的后面,加上一个语气词,并说明添加的缘由。具体形式如下:

过故人庄
孟浩然

故人具鸡黍(   ),邀我至田家(   )。

绿树村边合(   ),青山郭外斜(   )。

开轩面场圃(   ),把酒话桑麻(   )。

待到重阳日(   ),还来就菊花(   )。

中国古典诗歌中就有使用语气词的习惯,例如"兮"字就是楚辞的标志。其余像"也""乎""耳""矣"等也较为常见,这些语气词有时出现在句中,例如杜甫的《峡口二首》"去矣英雄事,荒哉割据地"中的"矣"和"哉";语气词出现在句末的占多数,例如李煜的《浪淘沙》"流水落花春去也,天上人间"中的"也"字。既然诗人可以在诗中用语气词加强语气,那么是不是也可以在教学中把诗人隐藏在文字背后的情感挖掘出来呢!

根据以上想法,我设计了这样一份学习单:

● 学习目标

通过分析诗歌的词语来学习这首诗"语淡而味终不薄"的特点,并通过"唱"的形式体会诗中蕴含的情感及其变化。

● 学习过程

(1)挖字填空:请将诗中被挖去的内容填补出来,并说明理由。

过故人庄
孟浩然

故人具鸡黍,邀我至田家。

绿树村边(   ),青山郭外(   )。

开轩面场圃,把酒话桑麻。

待到重阳日，还来（　　）菊花。

（2）请根据诗歌内容，结合刚刚的分析和自己的理解，在每句诗文的末尾处，填一个语气词来表达诗人的情感，并将这种情感唱出来。（此题要求先独立完成填补语气词，然后再合作进行"唱"的创编。）

过故人庄

孟浩然

故人具鸡黍（　　），邀我至田家（　　）。
绿树村边合（　　），青山郭外斜（　　）。
开轩面场圃（　　），把酒话桑麻（　　）。
待到重阳日（　　），还来就菊花（　　）。

前面说过"真正读懂文本之后而实施的教学转化，是不会违背学科本质、课程标准、教学要求的"，接下来就来看看这样的设计是否可以在课程标准中找到依据。对整节课的教学设计而言，《义务教育语文课程标准》指出："语文课程必须根据学生身心发展和语文学习的特点，爱护学生的好奇心、求知欲，鼓励自主阅读、自由表达，充分激发他们的问题意识和进取精神，关注个体差异和不同的学习需求，积极倡导自主、合作、探究的学习方式。教学内容的确定，教学方法的选择，评价方式的设计，都应有助于这种学习方式的形成。"这与我的两个环节的教学设计可以说是不谋而合，既保护学生的好奇心，又激发他们的求知欲，这种积极倡导自主、合作、探究的学习方式，就是我设计这节课的原则。再看《初中语文教学大纲》（试用修订版）、《义务教育语文课程标准》和语文教材关于诗词欣赏的要求，主要有以下五点：

（1）欣赏诗歌，有自己的情感体验；
（2）领略诗歌的内涵，从中获得对自然、对社会和对人生的有益启示；
（3）对诗歌的思想感情倾向，能联系文化背景作出自己的评价；
（4）对诗歌中感人的情境和形象，能说出自己的体验；
（5）能品味诗歌中富于表现力的语言。

"挖字填空"的目的就是为了"能品味诗歌中富于表现力的语言"，品味语言又是为了"领略诗歌的内涵";"唱诗"的目的则在于"有自己的情感体验",进一步了解诗的"思想感情倾向"。我们可以看到,这节课无论是从教学内容的确定,还是教学形式的选择,无一不是切合课程标准与教学大纲的。

能产生这种结果的原因有两个:一是教师早已经充分了解课程标准与教学大纲的基本要求,因此,在设计教学时也会不自觉地考虑到这些要求;二是文本解读工作做得充分,三个阶段循序渐进的解读符合认知规律,而在解读的过程中教师并未脱离文本,一直紧扣词语分析,抓住情感脉络,用合理的解读诠释了"语淡而味终不薄"。有对前人经验的吸取,也有自己的解读心得。因此,这个过程是非常严谨和科学的。当然,科学的解读文本自然就会与同样科学严谨的课程标准与教学大纲相吻合了。

备课不看教参和别人的教学设计,就会减少外界的影响,这样有助于自己更加专注地思考与分析。教学设计的创新是我一直追求的目标。对于文本来说是"一千个读者就有一千个哈姆莱特",但对于教学设计而言,却变成了"一千个哈姆莱特只有一个读者",对于语文教学而言这是一件很可怕也很可悲的事情。每个语文教师都应该从自己做起,用专业精神捍卫语文的尊严。梁漱溟先生说:"吾曹不出如苍生何?"我们语文教师应该肩负起振兴语文教学的重任,把语文教成语文,把语文当成语文来教,学生自然会喜欢语文,自然会喜欢学习。

散文不能"散"着教
——以《秋天的怀念》的教学为例

一、散文的教学现状分析

散文是初中教材最青睐的文体,以沪教版教材为例,每一册教材中散文的数量都在10篇左右,如果算上文言文的话,可以说占据了教材的半壁江山。上海师范大学王荣生教授主编的系列丛书中,专门有一本《散文教学教什么》。虽然散文如此重要,但一线教师对于散文教学的研究和重视程度却不容乐观。我以为,导致散文教学现状不容乐观的主要原因有三个:(1)文体观念淡薄;(2)文体特征认识肤浅;(3)缺乏细致深入的文本解读。

首先,文体观念的淡薄,致使散文的教学价值并没有得到充分的体现。虽然在教学中,老师们也会告诉学生这是散文,但在进行教学设计时往往忽略的恰恰是对散文的关注。

散文是一种抒发作者真情实感、写作方式灵活的记叙类文学体裁。在中国古代文学中,散文与韵文、骈文相对,不追求押韵和句式的工整,这是广义上的散文。在中国现代文学中,散文指与诗歌、小说、戏剧并行的一种文学体裁,这是狭义上的散文。散文可分为叙事散文、抒情散文和哲理性散文三种。由于抒情性散文和议论性散文入选教材的比例远不及叙事性散文,这就给老师们造成了一种错觉——叙事性散文等于记叙文。

例如《秋天的怀念》这篇文章,在大多数老师眼中就是记叙文,在这种认识的指导下,对于这篇文章的教学内容的选择,大多数老师都将教学重点确定在分析"母亲"的人物形象上，这种做法是用记叙文的思维教散文。其实文学理论中没有记叙文这个概念，而所谓记叙文是在教学中为了区别不同的表达方式（议论、抒情、记叙、说明、描写）而约定俗成的一种文体。而"人物"又是小说的构成要素，它并不是散文的构成要素。从这一点上看，把散文中的人物形象摆在小说教学中的位置，是模糊了"人物"在这两种文体中的作用。确切来说，散文中的人物形象应该是为作者情感服务的，所以，把散文中的人物形象作为教学重点在理论上是说不通的。

其次，对散文文体特征片面且肤浅的认识，导致教师在教学中处处受限，放不开手脚。散文的文体特征被大众熟识的应该是"形散神不散"这一基本特征，以及"真情实感"的理论支撑。孙绍振教授在《从文体的失落到回归和超越——当代散文三十年》一文中介绍了"形散而神不散"以及"真情实感"说的由来①。秦牧提出"一个中心说"和"一线串珠论"影响广泛。《人民日报》在1961年开辟"笔谈散文"专栏，肖云儒的"形散而神不散"论应运而生，这一观点其实就是秦牧的"一个中心说"和"一线串珠论"的发展。而"真情实感"理论②，是由林非先生在八十年代中期提出来并至今雄踞文坛，被当作是不破的真理。

对于一线教师来说"形散神不散"是模糊和朦胧的，相比较而言，"真情实感"就显得实在多了。于是在教学中，人们又把"真情实感"奉为金科玉律，读要读出真情实感，分析要分析出真情实感，写要写出真情实感。再以《秋天的怀念》为例，文章表达了"我"对母亲深切的怀念之情，并且这种情感绝对是"真情实感"。但是对于这种真情实感的分析能作为教学重点吗？我们可以反问一下，如果老师不讲，学生能不能感受到这种情感呢？我想对于大多数同学而言，读过几遍之后是可以感知到"我"对母亲的怀念的。既然如此，教学重点应该是感受作者对母亲的怀念，还是体悟作者在怀念母亲的过程中内心情感的转变呢？我更倾向于后者。

---

① 孙绍振. 从文体的失落到回归和超越——当代散文三十年 [J]. 名作欣赏，2008（23）.
② 林非. 散文创作的昨日和明日 [J]. 文学评论，1987（3）.

那么，除了人物形象和情感之外，散文还可以教什么呢？其实，除了"形散神不散"的特点之外，散文还有"意境深邃""语言优美"的特点。从文本解读的角度来说，散文不但可以传情，还可以审美、审智甚至是审"丑"。

再次，由于教师文本解读能力的欠缺致使在教学上的随意处理——把散文教"散"了，这才是最大的问题。对于一篇文章，40分钟的时间，既要讲内容又要兼顾语言，既要分析情感又要考虑构思，既想教阅读又想搞点写作，结果就是什么都讲了又什么都没讲。蜻蜓点水浅尝辄止，把散文教得面目全非、似是而非。

那么，怎样才是严谨的散文教学呢？第一，要关注散文的文体特征，教师要清楚所教的文章是"散文"。第二，要知道这是谁的散文。同样是叙事散文，《背影》和《秋天的怀念》所用的手法和表达情感的方式是截然不同的。第三，要重点关注这一篇文章的特点。即便是同一作家，同一时期的文章，在表现手法和传情达意的方式上也会不尽相同。总结一下，先要了解作家的文风和特点，在此基础上关注具体文章的显著特质，通过解读挖掘可用于教学的内容，然后再确定教学内容进行教学设计。这样的流程才是严谨的、科学的。下面我就从"篇章"谈起，以《秋天的怀念》这篇文章的备课过程为例，说说如何在散文教学中避免随意和散乱。

二、如何避免把散文教"散"了

不管是什么类型的文章，对教师而言永远都绕不过一个问题——读懂文章。这里所说的读懂文章，不只是知道作者写了什么，表达了什么，还要弄清楚作者是怎么写的，为什么要这样写；作者想表达什么，要表达的思想或情感与所写的内容有什么关系。有这样的认识再结合散文的解读方法：抓"文眼"、抓语言、抓联想，抓内涵，进行解读就更加有的放矢了。

所谓的抓"文眼"，就是抓住能够统领全文或者总结全文的，能最大限度地概括文本主旨的文字。就像诗歌的文眼一样，可以是一个字，可以是一个词，也可以是一个句子。抓语言，是因为"语言优美"是散文的又一特点，当然对"美"的理解，也不应该仅限于对优美的辞藻和形象的修辞手法的使用。美应该有更丰富的内涵，幽默是美、质朴是美、深沉是美、豪放亦是美……一个作家在特定的时期的语言风格应该是保持一致的，所以说抓语言也就抓住了这个作家的话语体系。只有先同作家保持在一个"频道"上，才能有进一步的"对话"。抓联想，这种方法多用于抒情散文上。抓内涵，不同的读者对文章内涵的理解可能是不同的。阅读理解不仅受到个人阅读能力和生活阅历的影响，更重要的是成熟的文字本身就带有一定的障蔽性，而作家要表达的心声又不是浮于表面的，这就给解读文本带来了一定的困难。打个比方来说，作家企图在作品中寻找"知己"，能走进文本深处的才能走进作家的内心深处。所以抓内涵是文本解读的重中之重。

以上所列举之解读散文的方法，并不是在一篇文章中把所有的方法都要用到，否则又变成了面面俱到，面面不到了。应该说，这些解读方法的使用，都要指向一个问题，那就是把握文本的核心价值。对于不同特点的散文而言，选择的方法是不同的，达到的目的也是不同的。具体到《秋天的怀念》这篇文章，在备课过程中我是这样处理的。

1. 文本解读：别把文本读散

从知人论世的角度来说，在解读文本之前你要先了解这个作家。王维在《史铁生散文的语文教学研究》一文中写道："在创作上，史铁生别具一格，他从对人的内心的探索逐渐上升到对人类普遍生存的关照以及对人本困境的超越。他的作品中充满着对生死的超脱、对残疾的关怀、对死难的领悟、对困境的求索、对爱情的寻求。"[①] 对史铁生有了解的读者都应该清楚他的不幸遭遇，也正是这种常人所难以承受的痛，成就了史铁生散文创作的独特风格。

基于对史铁生的了解，我在解读这篇文本时选择通过"抓内涵"来确定文本的核心价值。《秋天的怀念》这篇800多字的文章，用质朴而平淡的语

---

① 王维.史铁生散文的语文教学研究[D].南京师范大学，2014.

言表达了对母亲的怀念之情,读起来感人至深。可以说,这是作者在这篇文章中传达的一种真切的情感,也是这篇文章的一个重要的思想内涵,但绝不是唯一的思想内涵。我在上文反对把"对母亲的怀念之情"作为教学重点,不只是因为这篇文章还有其他的内涵值得我们去挖掘,更是因为要旗帜鲜明地表达我的文本解读观:不能读到一个内涵就结束解读,而应该揪着一个内涵不放。挖过土豆的人都知道,一株土豆秧下面往往会有多个土豆,要想把这些土豆完好地挖出来,就必须将其连根拔起。解读文本也是如此,不能挖到了一个"土豆"就一"豆"障目。反过来就应该顺藤摸"豆",必能大有收获。具体到这篇文章的解读:

(1)当时的"我"与写作时的"我"。

"对母亲深切的怀念"这一内涵,虽然是我们能够感知到的,但这种感知却仅限于感觉上,要想在文本中落实就必须进一步深入解读。如果我问你,是怎么读出"我"对母亲的怀念之情的,你能说得出来吗?或者有人会说,文题"秋天的怀念"不就是"怀念母亲"吗?这只是我们主观的判断,作者的题目不是"怀念母亲",也就是说"秋天的怀念",怀念的绝不止"母亲",至少从字面上我们还能读出"怀念秋天"。所以,要想说清楚"怀念母亲"这一内涵,可以借助两个"我"。

虽然文中只有一个"我"字,但却是两个不同时期的"我"的身份。以文章的第一段为例,我们试作分析:

双腿瘫痪后,我的脾气变得暴怒无常。望着天上北归的雁阵,我会突然把面前的玻璃砸碎;听着李谷一甜美的歌声,我会猛地把手边的东西摔向四周的墙壁。母亲就悄悄地躲出去,在我看不见的地方偷偷地听着我的动静。当一切恢复沉寂,她又悄悄地进来,眼边红红的,看着我。"听说北海的花儿都开了,我推着你去走走。"她总是这么说。母亲喜欢花,可自从我的腿瘫痪后,她侍弄的那些花都死了。"不,我不去!"我狠命地捶打这两条可恨的腿,喊着,"我活着什么劲!"母亲扑过来抓住我的手,忍住哭声说:"咱娘儿俩在一块儿,好好儿活,好好儿活……"可我却一直都不知道,她的病已经到了那步田地。后来妹妹告诉我,她常常肝疼得整宿整宿翻来覆去地睡不了觉。

这段文字中的"我"可以分成两个部分来读,"望着天上北归的雁阵,我会突然把面前的玻璃砸碎;听着李谷一甜美的歌声,我会猛地把手边的东西摔向四周的墙壁。""'不,我不去!'我狠命地捶打这两条可恨的腿,喊着,'我活着什么劲!'",这两个部分是"双腿瘫痪后,我的脾气变得暴怒无常"的表现,这是当时的"我"。"母亲就悄悄地躲出去,在我看不见的地方偷偷地听着我的动静。当一切恢复沉寂,她又悄悄地进来,眼边红红的,看着我。"这两句中的"我"明显是作者在写作时回忆当时的情景,这是作者通过回忆再现出当时的细节。这两句中作者对母亲的行为的描写非常重要,两个副词"悄悄地""偷偷地"写出了母亲的小心谨慎。但也正是母亲的这种小心谨慎的行为,才使得摆脱瘫痪阴影的"我"在回忆母亲时记忆如此的深刻。还有一处也是用写作时的"我"的口吻在叙述,"可我却一直都不知道,她的病已经到了那步田地。后来妹妹告诉我,她常常肝疼得整宿整宿翻来覆去地睡不了觉"。这句中"可"和"却"字是关键,"可我却一直都不知道"是说当时的"我"一直都不知道母亲的病。在写作时的"我"回忆这段经历的时候加了"可"和"却",体现了"我"的内疚和自责。顺着这个思路一想,"我"在回忆母亲的时候是多么怀念她的无微不至、体贴入微啊。所以说,对母亲的怀念,是借助当时的"我"与写作之时的"我"的时空转换来达成的。请注意,此处作者在书写悔恨之情的时候,并没有非常激烈的行为和表现,与一开头的"暴怒无常"相比,此时他显得异常平静。

这种超乎寻常的平静,就是作者经历种种磨难之后的醒悟,因为他非常清楚怀念母亲、感恩母亲的最好的做法就是"好好儿活"。这就是在怀念母亲的内涵的基础上,又往前走了一步。

(2)我与母亲的"变"与"不变"。

"我"在文中有两次变化,按照上文对第一段内容的理解,我们可以找出第一次变化,即当时的"我"暴怒无常与写作时的"我"异常平静。另一次变化是在第二段"我"答应陪母亲去北海看花,由拒绝母亲的请求到答应母亲的请求,这也是一次变化。

相对于"我"的两次变化而言,母亲的"变"在行为,"不变"在情感。先说"变",第一段中我拒绝母亲的请求后情绪变得十分激烈,这时候作者对母亲的描写是"母亲扑过来抓住我的手,忍住哭声……"。句中的"扑"和"抓"写出母亲速度之快,是情感的外露,"忍"字是情感的内隐。她不想让儿子伤害自己,又不能把悲伤和绝望宣泄出来,尤其是最后的"忍住哭声"更是触动人心。当我答应母亲的请求后,作者对母亲的行为是这样描写的"我的回答已经让她喜出望外了""她高兴得一会儿坐下,一会儿站起""她也笑了,坐在我身边,絮絮叨叨地说着……",母亲的变化前后对比十分明显。那么母亲不变的又是什么呢?她的爱子之心。这种不变的情感作者是通过一处对比写出来的,第一段中母亲的"悄悄地""偷偷地"行为是多么小心谨慎啊,生怕被"我"发现又害怕不能发现"我"伤害自己的行为,多么不易啊。第二段中写母亲比"我"对"跑"和"踩"一类的字眼都敏感,但却不小心提到了这两个字。说者无心,听者此时也无心,但就是这种无心之失,却成了母子二人永远的诀别,这种痛是多么刻骨铭心啊。但作者在回忆时却没有大书特书,以情动人,反而是一句平淡的叙述"她出去了,就再也没回来"。这也正是作者在写作之时所"不变"的平静。

母亲的"变"与"不变"皆因我而起,母子间的情感的交错,就是通过这种变与不变表达出来的。

(3)关于"好好儿活"的感悟。

虽然文章结尾已经明确"我懂得母亲没有说完的话。妹妹也懂。我俩在一块儿,要好好儿活……"。但从文本解读的角度有必要弄清楚,到底是什么原因让"我"走出瘫痪的阴影,重新获得新生。"我"是怎么从"活着什么劲"到懂得"好好儿活"了呢?难道是因为母亲的死,才换回"我"的"活"吗?这样的结尾的确耐人寻味,如果忽略不讲或者仅告诉学生"我"是在母亲的帮助下才走出阴影获得重生,都是对文本的随意处理和极大的不尊重。

《秋天的怀念》不只写了对母亲的怀念之情，还写了"我"由向死到向生的过程。母亲在这个过程中绝对扮演了一个非常重要的角色，起到了至关重要的作用。而这个作用就是致使"我"转变的关键。与其说是"我"因母爱而懂得"好好儿活"的道理，我更倾向作者自身对苦难的感悟和觉醒。母爱其实自始至终都在，而"我"也从一开头就感受到了母亲的关心。理由有二：一是"我"在回忆的时候，对母亲的行为描写细致入微；二是"我"看到"她憔悴的脸上现出央求的神色"时，答应了母亲去北海看花。只不过在瘫痪之初，"我"的所有的注意力都集中在"我活着什么劲"上，当时的"我"是自暴自弃、一心求死的。而"我"不想活的原因也非常充分——双腿瘫痪，生活不幸，活着没劲。

当"我"完全沉浸在自己的不幸和生活的无望中的时候，"我"对母亲没有一丝关注。所以，在人称的使用上，从第一段开始直到第四段，作者都称母亲为"她"，甚至在母亲弥留之际依然挂念他们兄妹的时候，作者使用的称呼依然是"她"。而事实上，母亲的不幸和痛苦是远大于"我"的。"我"双腿瘫痪，母亲是身患绝症；"我"可以肆意地宣泄自己的痛苦，而母亲却从未在"我"面前哭过。相比"我"的不幸而言，母亲有更多的理由选择一死了之。对于不幸，母亲是隐忍的；对于苦难，母亲是坚强的；对于"我"和妹妹，母亲是念念不忘的。可以说母亲的死与"我"的觉醒，并没有直接关系。但当我接受了瘫痪的现实，面对人生的不幸之后，母亲对待不幸、对待苦难、对待家人的态度却成了"我"活下去的支柱。

一篇上乘作品的内涵往往是丰富的，对于一般性阅读而言只要把握了那个显性的内涵即可。所谓显性内涵，有两种：一是写出来的，能在文中找到的内涵；二是可能没直接写出来，但却能通过阅读感知到的内涵。比如"对母亲的深切怀念"这一内涵，就可以通过阅读感知到。既然是能够被学生感知到的，也就不需要在上课时大讲特讲，孙绍振教授提倡"讲点学生不知道的东西"。所以，对于阅读教学而言，读到显性的内涵是不够的，还要挖掘出隐性的内涵。所谓隐性的内涵，就是那些隐藏在文字背后的不为读者所知的东西，包括情感、思想。

2. 教学设计：别把课文教散

文本的内涵好比是一个舵，决定了接下来教学的方向。教学环节是落实解读的关键，教师为了达成某一目的或者得出某个结论之前，往往会用问题一步步诱导学生。这种看似"对话"的教学模式其实是不公平的。打个比方，如果一个人连珠炮一样的不断向你提问，还要求你的回答与他的设想保持高度一致时，你会怎样做？放弃自己的想法，全力以赴地"跟着"对方的问题，想着他所需要的答案？琐碎的问题不一定是没有逻辑的，但不断地追问却容易让教学变得混乱，把一篇文章读得支离破碎。很多名师和教授都批评这样的教学方式，但却很少给出一个对策，能够解决这样的问题。

前两年，上海市语文教研室在全市范围内组织的"关注学生的学习经历"的研讨活动中，关于"问题链"的设计成了核心"技术"。"问题链"不是简单地将问题串联起来，彼此有内在的逻辑关联即可。"问题链"的设计要与"学生的学习经历"结合，不能只顾着设计问题的"教"，而忽略了学生的"学"。一节课只有40或45分钟，如果"问题链"上的问题太多，那给学生"学"的时间必然是有限的。我在实践中以一个主问题贯穿教学，可以通过一个上位问题引出主问题，在解决主问题的过程中会生发出若干个下位问题。在这个"问题链"中，主问题是不可或缺的，上位问题多由教师设计完成，下位问题是生成性问题。

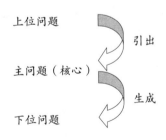

问题链设计图

主问题不但能贯穿全篇、牵一发而动全身，还要能体现这篇文章的精髓，通过解决这个问题能把文章各个方面的内容都串联起来。更主要的是，这个问题对学生而言一定要具有一定的挑战性。具体到《秋天的怀念》这篇文章：

（1）抓住内涵设计主问题。

在上面的文本解读中，我选择"抓内涵"这个角度解读文本，因为我发现这篇文章的内涵其实要比我们想象得丰富。如果在教学中只以感受母爱作为主题，可能就没能走进作者的内心。文本解读应该在向文本深处前进的过程中，保有一定的个性化的理解。如果我们在教学中舍去了可以让学生发挥"个性"的契机，而一味地追求"共识"，对学生而言可能就少了一些独立思考和批判的可能性。不同能力的学生，可能读到的内涵是不一样的，只要他们能自圆其说，且有文章内容为依据，我们就应该予以肯定。学生可以读到"母爱"，也可以读到"愧疚"，还可以读到"苦难和生命"的感悟等等。只有在教学过程中抛弃所谓的"答案"，才能让学生的思维得到真正的解放。

基于上面的分析，在备课时我设计的主问题是：

有人认为这是一篇怀念母亲、歌颂母爱的文章，但也有人认为它不仅仅是写了对母亲的怀念和歌颂。对于这种争论，你更倾向哪种说法，能否结合文本谈谈你的理解。

这种带有一定认知冲突的问题，既可以激发学生的求知欲，又能深度挖掘文本内涵。学生可以读出对母亲的怀念，但教师又给出其他的思考方向，这就让学生产生了困惑。开放性的问题，给学生提供了很开阔的空间，同时提出分析和理解问题的关注点应该是文章内容，这就避免了学生"天马行空"的猜测。你可以有一千个想法，但每个想法都要有课文作为依据。问题不在于多，而在于精，少即是多。维果茨基的"最近发展区"理论认为学生进入课堂之时是有一定的经验的，教学不但要了解这种经验更要利用这种经验。当然，这里所说的"经验"，是教师通过对文章的解读和分析以及对学生的了解而提出的一种"假设"。

（2）抓住语言紧扣文本。

主问题的提出必定会使学生产生一定的思维碰撞，但在具体的讨论中，最有可能发生的情况就是学生脱离文本，一味地空谈观点。无论是支持哪种观点，都必须在文章中找到依据加以证明。脱离了语言去挖掘思想内涵好比竹篮打水，没有分析的过程而凭直觉下结论就好比水中捞月。教学中要避免教的"散"，更要避免教的"空"。在具体分析语言之前需要明确一点：对这篇文章的情感及内涵的挖掘要依托对人物行为的分析，而分析人物行为又需要关注具体的描写。

母亲是这篇文章至关重要的角色，但是学生在分析母亲言行的时候，往往是割裂的、片面的。例如第一段中，可能抓住"悄悄""偷偷"这些叠词，读出母爱的小心翼翼，也会从"扑""抓"这些动词当中读出母爱的深切关怀，但却很少将这两段描写结合起来刨根问底，揪出文字背后的"真相"。如果说单独分析某一处描写就可以得出母爱深沉的话，那么这两处描写，写一处足矣。既然作者写了这两处细节，那就有必要将前后的内容联系起来，而不是孤立地理解某一处文字。

当我们把前后的内容结合起来的时候，可能对母亲的形象又会多一分了解。当"我"砸玻璃、摔东西时，对母亲的描写用了"悄悄""偷偷"这些叠词，而在"我""狠命地捶打"双腿时，对母亲的描写却是"扑"和"抓"。前后一对比就会发现，前面的谨小慎微，后面的麻利果决，都是母爱的不同表现形式。而这两处中两个不易被发现的短语"眼边红红的"和"忍住哭声"，更向读者展示出母亲不为人知的一面。其实母亲的苦难绝不少于我，作为一个母亲，她承受来自自身和儿子的双方面的悲痛，但她却从未在我面前表露出她的悲苦与不幸。由此可见，"我"过多地关注了母亲对我的情感，却忽略了属于母亲所特有的品质——"隐忍"。这个结论的得出，有助于分析后文"我"对母亲未说完的话的理解，这样又构成前后文语义的连贯。

语文学科的四个核心素养中"语言的建构与运用"是基础素养。长期以来，我们一直关注语言的运用，希望通过技巧的训练让学生熟练地掌握和运用语言，结果是很多时候学生只是死记硬背、生搬硬套，大部分学生无法达到预期表现。只一味地关注学生获取知识的"量"，却忘了教给他们如何创造知识。就好比盖一座空中楼阁，在没打好语言基础的情况下，我们给他们的知识越多就越有可能成为他们的负累。

因此，有必要重新认识语言的建构与运用的顺序，没有建构，何谈运用？而建构学生自己的语言系统，最关键的还是要在分析作品中获得提升。所以，在教学中我们不但要让学生了解语言背后的情感和思想，更要引导他们关注这些语言是如何服务于情感和思想的。

任何文体的教学，前提都是在认清这种文体的基础上的教学。有了文体意识还不够，还需要有作品意识和作家意识。只有将这些意识牢牢地记在脑子里，实践在课堂里，才能不断地提升自己的解读能力和教学能力。

在"未知"与"已知"中间架起一座"桥"
——以《桥》的教学为例

一、文本细读

"未知"与"已知",是一对对立统一的词语,"未知"可以理解为"还不知道","已知"可以理解为"已经知道",包括已有的知识储备和技能等。如果以静止的眼光看,"未知"就是"未知","已知"就是"已知"。人们无法利用"已知"解决"未知",更无法把"未知"转变成"已知"。因此,文本解读必须以动态的眼光发现问题,善于用"已知"去解决"未知",也要善于从"已知"中发现"未知"。唯有这样,文章才能常读常新,才能推陈出新,才不至于人云亦云。

《桥》是一篇小小说,选入人民教育出版社部编版六年级上册的教材中,讲述了一对父子在洪水中牺牲的故事。文章的内容大致是这样:一天黎明,山洪暴发,村民们惊慌失措地来到桥前。这时,他们拥戴的党支部书记站在桥头,让人们排成一队,党员排在最后。在他的指挥下,村民们在有序地过桥的过程中,一个小伙子(党员)插队,被他揪出来,最终全村人都安全地过了桥,而身处队伍最后的党支部书记和这个小伙子却被洪水冲走了。几天后,人们搀扶着一个老妇人来祭奠她的丈夫和儿子。

我尝试在文本解读的过程中,将"已知"与"未知"联系起来,将文本解读的过程分为四个阶段:陌生,熟悉,受阻,释疑。这个过程就好比对一个人的了解过程,第一次见面总归是陌生的,通过一番交谈,开始慢慢熟悉。这时候，他的有些做法超出了你的意料，阻碍了你对他的进一步了解。如果就此停止对对方的了解，那么不但对他的做法产生的疑惑无法解决，可能对这个人也会再次陌生。怎么办？只能通过进一步交流，通过细致的交谈，找到更多的信息去评判他。这个过程就是释疑的过程，也是对文本再认识的过程。解决了诸多问题，你也就了解了那个人。文本解读，就是由浅入深，由未知到已知的过程。

可能很多人在初读《桥》这篇文本之后，都会将自己的好恶加之于文本之上，情感先于认识作用于文本，"感情用事"会使分析受制于主观情感。按照英美新批评理论的观点，这种以"读者情感波动弧度大小去评判作品的优劣"是一种"感受谬误"。也就是说，作为读者，解读文本之时，一定要抛除自己的主观情感，以冷静客观的眼光看待文本。对于读者来说，用情过度不好，对作者而言更是如此。文本作为一个独立的艺术客体，是一个独立自足的世界。如果作者过多的将自己的意愿和情感加于作品之上，那就是"意图谬误"。这就是英美新批评理论的两个核心概念，在这里介绍是为了给大家解读文本敲个警钟，也为后面的解读留个悬念。当我们客观、冷静地对待文本的时候，作者是否足够冷静客观呢？

对文本的陌生感，往往是短暂的。从接触文本的第一时间起，我们就开始调动自己的知识储备，去理解、分析，试图与文本熟悉起来。对于一个语文教师而言，在我们解读文本的时候，要调动至少三种以上的"知识储备"：一是你对语言文字的理解能力的储备，能不能读懂字面意思；二是要尽量在大脑中搜索你读过与之类似的文章；三是你在初读文本之时已获得的已知储备。第一个方面不需要多说，说说第二点。当我读了几遍文章之后，突然在脑海里浮现出一篇文章的影子——《诺曼底号遇难记》。

1. 从未知到已知

内容上，两篇文章都写了"大难临头"之时一个英雄挺身而出的故事。《桥》中的英雄是党支部书记，《诺曼底号遇难记》中的则是哈尔威船长；在塑造人物形象上，《桥》和《诺曼底号遇难记》都运用了侧面烘托的手法，用人们的慌乱来烘托主人公的冷静，并且两个人都只用了"一招"就让慌乱的人们遵守了秩序；主题方面也有相似性，都赞颂了英雄舍己为人的精神。

不但要关注二者的相似性，还要关注二者的不同点。《诺曼底号遇难记》带有一定的纪实性，作者想强调事件的真实性，还原哈尔威船长这个英雄形象，所以人们对哈尔威船长的殉难并不感到突然。但是与《诺曼底号遇难记》不同的是，《桥》中出现了两个人物，且都牺牲了，他们还是父子关系。党支部书记的死，是在读者的意料之中的，但小伙子的死是出乎意料的。这就是不同于《诺曼底号遇难记》的一个关键部分。另外一个不同的地方是，两篇文章的主人公都是英雄，按照常理，人们应该铭记英雄的名字，但是《桥》中的党支部书记却无名无姓，这让人有些摸不着头脑了。

通过将两篇文章进行比较分析，可以进一步了解文本内容以及作者的写作意图，这是从陌生到熟悉的过程。未知可以转换为已知，而已知也可以生成未知。当然比较两篇文章的终极目的，还是为了发现文本中与众不同、有违常理的地方。了解文本不代表没有问题，只有发现了问题才能进一步走进文本深处，与文本和作者进行更为深入的对话。

2. 从已知到未知

通过阅读并与类似文章建立比较关系，我们对文章已经有了一定的认识，但离设计教学还是远了点。只有先于无疑处有疑，才能于有疑处无疑。从已知到未知就是，明明已经有所了解了（文章内容），却还是要读出问题，这是一种解读的精神，也是一种境界。

（1）反常使阅读"受阻"。

上文提到过，文中小伙子（党支部书记的儿子）的出现，给文章的阅读带来了巨大的困惑。很明显这是作者有意安排的，其中一个目的是使文章在结构上显得波澜起伏，又为下文两人的关系设下悬念。从这个角度来讲，小伙子本身并不能够给阅读带来多大的困扰，但党支部书记的表现却让人费解。

文章写道："老汉突然冲上前，从队伍里揪出一个小伙子，吼道：'你还算是个党员吗？排到后面去！'老汉凶得像只豹子。"从"冲、揪、吼"这些动作以及对老汉当时的表现的评价"凶得像只豹子"，不难看出老汉十分愤怒。乍看上去并无不妥，但把文章前后串联起来，就会发现老汉的这个行为是极为反常的。当人们惊慌失措之时，面对混乱的场面和情绪激动的人群时，文章第 8 段写"他不说话，盯着乱哄哄的人们。他像一座山"。当有人对他的安排——党员排在后边，提出质疑时，文章第 12 段又写道："老汉冷冷地说：'可以退党，到我这儿报名。'"这两处描写，不难看出老汉处事冷静、临危不乱的性格特征。但在对待这个小伙子时，却是一反常态，使老汉的形象前后矛盾。当读者得知这个小伙子居然是老汉的儿子之时，就更对他的行为感到"无法接受"了。就是因为他的"大义灭亲"，才致使他们父子二人双双罹难。

我想这里应该就是我在本文开篇所说的，有些人不太喜欢这篇文章的一个原因吧。一个父亲牺牲了自己和儿子保持了"党性"，读者可能会认为这样的文章有些"过"了，违背了现实。其实在文学创作过程中，作品常常与作者意图发生冲突，当人物成熟起来的时候，人物便要按照自己的性格轨道前行。例如《安娜·卡列尼娜》中的安娜之死，就是人物性格使然而非作者心愿。这篇文章中的老汉也是如此，当他站在没腿深的水里等待慌乱的人群时，他就已经将自己的生死置之度外了，这样也注定了老汉悲壮的命运结局。这里表现出来的是，他超越了自我的求生欲望，超越了生死对他的束缚。在他的意识里，自己是党支部书记，就必须这么做，而所有的党员也必须有舍己为人的精神，否则就不配做党员。谁知，老汉的这种信念与他儿子的行为产生了巨大的矛盾。全村人都没有违反老汉的意志，唯独自己的儿子"不争气"，他自然会愤怒。当然，他也清楚这样做的后果意味着什么。但是作为一个党员，此刻他的眼中已经没有了父亲和儿子的亲情关系，只是党支部书记与一个普通党员的关系。从人物性格的塑造上来看，老汉既有临危不乱的冷静，又有铁面无私的冷酷，使得人物形象更多了几分悲壮的色彩。

解读文本主要分为两个阶段：一是认识文字表面的意思；二是探求隐藏于文字背后的"机关"。要想破解文本密码，最好的办法就是抓反常之处，抓矛盾冲突，因为作者真正想表达的内容往往是隐藏在这些不易被发现的地方。

（2）"释疑"需走进文本深处。

对于人物形象的塑造而言，展现他内心世界最好的办法就是不断地制造矛盾和反常，而对于文本解读而言，了解一个人物不但要看他做了什么，更要分析他是如何想的。

以老汉形象为例，当他十分理智、冷静地出现在桥边的时候，他放弃了第一时间逃生的念头。难道他没经过思想斗争吗？显然，老汉是经过深思熟虑的。只有先将自己的生死置之度外，才会在危急时刻沉着冷静、格外镇定。难道他在"揪"出自己儿子的时候，没经过思想斗争吗？与抛开自己生死而表现出来的无畏，这次他选择了"吼"，作者通过愤怒表现出的是老汉内心的矛盾和挣扎，自己可以舍生取义，难道也要儿子一起承受吗？如果说老汉的这一声"吼"是职责战胜了亲情，是冷冰冰的话，那么，当"最后，只剩下了他和小伙子"之时，老汉的"吼"则是父子情深的体现。

就从老汉这一人物形象来看，他既有忠于职守、舍己为人的党性；也有铁面无私、冷酷无情的理性；更有父子情深的人性。作者塑造了一个内心极为丰富的人物形象，从审美的角度来看，老汉形象所表现出的真与善是符合美学标准的。在几次反常的描写中，自始至终贯穿于事件始末的，就是他的"忘我与无私"，这又构成了他形象的核心。

在"未知"与"已知"中间架起的这座桥就是文本解读。陌生、熟悉、受阻、释疑这四个阶段，是由浅入深、由表及里、由粗到细的解读过程。有什么样的解读就会生成什么样的设计，文本解读不厌精不厌细。从陌生到熟悉的变化并不具备将文本解读转换为教学设计的条件，如果强为之就只能产生浮光掠影、蜻蜓点水的人云亦云之作，上出来的课必不能让人为之一振。深入细致的解读，才是高明的教学设计的根基，也是一个语文教师应该为之不懈奋斗的方向。

二、学习设计

1. 变"教学设计"为"学习设计"

"学习设计"与"教学设计"最大的区别就是前者是"学"在前,后者是"教"在前。强调"学"是把学生作为学习的主体,强调"教"是把教师作为教学的主体。前者关注的是如何让学生通过自主的合作、探究、思考等形式进行主动学习的过程;后者则关注教师的设计和讲授。虽然二者各有侧重,但对学生的意义是不同的,前者更强调"以学定教"。学习是个动态的生成过程,教师和学生都无法预知接下来会生成什么。这样的教学无论对老师还是学生都是极大的挑战,可以实现教学相长。后者强调"以教定教",教师把所有的上课环节都设计"完美",在课堂上精彩地呈现他们的教学思路。课堂上听不见也听不得不同的声音,更害怕学生的提问,因此,避免教学中出现尴尬的最佳办法就是教师往往会选择在课堂临近尾声的时候,象征性地让学生提提问题。华师大崔允漷教授在《指向学科核心素养的教学即让学科教育"回家"》一文中指出:"教学变革要从教案开始,教案不变,课堂不会变!教案变革的方向是把深度学习设计出来,让真实学习真正发生。"[1]

我的教学经历了从"教"到"学"的转变,选择不再迷信自己,愿意相信学生。每个学生都有无限的潜能,教学应该是让这些潜能更好地发挥出来。学生和老师无论在人格上还是权利上都应该是平等的,老师成就了学生,学生自然会成就老师。从"教"的角度来讲,老师的地位是权威的、不可抗拒的、带有主宰性质的,在这样的思想控制下的课堂很难实现真正的平等的对话。而从"学"的角度来说,教师和学生是可以相互学习的,"教"和"学"不但可以相互影响,也可以反转。

"学"与"教"的反转,不只是教师个人的教育哲学的改变,还要依托

---

[1] 崔允漷. 指向学科核心素养的教学即让学科教育"回家"[J]. 基础教育课程, 2019 (Z1).

能激发学生学习动力的"学习设计"来实现。而设计的前提和出发点必须是学生的"学",而非教师的"教"。因此,教师在进行学习设计的时候,需要在文本解读的基础上作学情分析。把教材特质、文本解读、课程标准和学生学情几者结合起来作为学习设计的起点,把合作、交流、批判、创新作为教学的追求。

2. 学习设计实施的四个阶段

在"以学定教"的课堂中,教师虽然处于辅助学生学习的位置,但这种辅助不是简单的辅导,而是促使学生兴趣提升、认识提升和思维提升的"催化剂"。要在"未知"和"已知"中间架起一座桥梁,更要引导学生利用"已知"向更广阔的"未知"去发现、去探索。为了进一步明确教师在"以学定教"的课堂中的作用和教学不同阶段中教师的具体职责,本节课我按照四个阶段进行学习设计:放、收、引和提。

(1) 放。

"放"主要是对问题的处理,什么样的问题能"放"?什么时候"放"?如何"放"?"放"到什么样的程度?这些问题都是在进行学习设计之时应该考虑的。我在教学中的"放"主要有两种形式:一种是先让学生提出问题,收集学生的问题,然后从中找到逻辑关系再一一解决;另一种是设计开放式的学习活动,让学生在相对合理的范围内最大限度地发挥自己的主观能动性,激发学生的学习兴趣,同时也了解学生初次接触文本时对文章的理解程度。

从小说的结尾入手设计学习活动,是一种教学设计途径。在《桥》这篇文章的学习设计中,我主要抓住两个方面,一是小说的结尾符合"意料之外,又在情理之中"的写作特点。文章结尾说,"一个老太太,被人搀扶着,来这里祭奠。她来祭奠两个人。她丈夫和她儿子"。这个结尾是出人意料的,对于老汉的死,从读者接受的角度来说,大家早已预料到,但是小伙子的死就出乎意料了,而且,小伙子与老汉居然还是父子关系,这就更是意料之外了。二是文章的结尾具有一定的想象空间。首先,从文章的逻辑上来说,老太太在前文并没有出现,这就给人留下了可以想象的空间——在那个危急时刻，老太太在哪里？她在干什么？如果她也跟队伍一起过桥，那么当老汉"揪"出自己的儿子时，她居然没有任何反对，这是不合情理的。其次，从写作的目的角度来说，作者为什么要忽略老太太本应在情理之中的表现呢？他的用意是什么？

基于对以上两个问题的思考，我从结尾入手设计了一个半开放的学习活动：阅读之后根据小小说"意料之外，又在情理之中"的特点，结合自己对文章的理解，给文章补一个结尾。我把文章的最后一句话删去留白，"一个老太太，被人搀扶着，来这里祭奠……"

文章中已明确老汉和小伙子都罹难了，所以，这个设计给学生提供了几种可能供其选择：①老太太来祭奠她的丈夫，因为看到"老太太"自然会想到"老汉"；②老太太来祭奠党支部书记和她的儿子，这种可能性也是存在的；③老太太来祭奠她的儿子；④老太太来祭奠她的丈夫和儿子。这几个结尾都与文章内容有一定的联系，从创作的角度来说，第4种结尾最符合作者的本意，但从读者的角度来说，这几种结尾都有存在的可能性。

保留了结尾的前半段，把"一个老太太，被人搀扶着，来这里祭奠"的内容留下，而不是把整个结尾部分全部删去，主要有三个原因：一是中学生不同于成年读者，他们的逻辑推理能力还不够完备，而想象能力又极强，加之他们对小小说的特点并不熟悉。所以，如果不考虑文章的内在逻辑，而一味地发挥想象，可能会出现信马由缰的混乱情况。也就是说，我们要培养学生的想象是在合情合理的范围内的想象，而非随意的没有任何目的的想象。二是这个环节还可以为后面的设计——让学生找出文章中不合情理的内容埋下一个伏笔。三是这样的设计还是为了让学生的思维产生碰撞，不同的思考背后都有着对文本或深或浅的认识，这样可以暴露出学生的阅读起点。彼此思维碰撞的火花，又为后面进一步分析文章内容，深入解读文本提供助推的作用。

这就是"放"要达到的目的，教学中，教师要有耐心听完学生的每一种结尾，同时也要注意将可能存在的矛盾记录在黑板上。这样就可以把学生的思路和文章的内容链接起来，很好地"收"了。

（2）收。

"放"是为了使学生的思维向广处发展，那么"收"就应该使学生的思维向纵深延展。同时，"收"也是促使学生从已知领域向未知领域探究的一座桥梁。当学生根据自己的理解填补结尾的时候，不同的答案背后是阅读的深浅。在他们第一次触碰到文本的时候，产生不同的理解的原因主要还是分析和理解能力的差异，当然还有逻辑推理能力的强弱。那么，我们该如何兼顾这两部分同学，使每一位同学的阅读能力都能在原有的基础上更进一步？我想解决问题的根源还是解读文本。

在第一个环节中，学生根据自己已有的阅读经验和获得的比较单一的信息填补结尾。从触发学生"学"的角度来说，问题或者活动设计不但要让学生的思维活跃起来，还要让他们为自己的想法找到更多的依据。为自己的理解找依据，使阅读中获得的片段的、零散的信息链接起来，形成有效的证据链。这是学生二次接触文本的过程，在这个过程中，随着学生发现越来越多的有价值的信息，以及思维不断地碰撞，学生对文本的理解也随之加深。随着阅读不断地深入，学生可能会改变自己之前的认识，也可能会更加坚定自己的理解；可能会达成一定的共识，也可能会继续产生思维的撞击，而学习就是在不断地对话和思考中发生的。

为了达成这样的学习目的，我在"放"的基础上，预设了一个巩固性学习活动，具体要求如下：

根据小小说结尾"出乎意料，又在情理之中"的特点，结合文章内容进一步分析，哪个结尾更符合这个特点。说清楚哪些内容是"出乎意料"的，哪些内容是"情理之中"的。阅读提示：批注"出乎意料，又在情理之中"的内容，圈画关键语句，前后勾连，整体把握小说情节。

对于该设计的进一步阐释：①本着学一篇知一类的指导思想，我在两个活动设计中一直强调小小说结尾的特点。从思维方式的角度来说，这样的设计属于"演绎思维"。先给出结论，然后在结论的指引下寻找依据。当然这种思维有利有弊，好处是可以让学生在不断"演绎"的过程中，对小小说的结尾的特点有深刻的认识。弊端就是，学生并不是通过自己的归纳得出了结论。②辨别"出乎意料"和"情理之中"的具体内容，也是观照文本的过程。学生要先建立起自己的逻辑链条，然后才能与作者进行深入的对话。不被作品左右，又警惕不着边际的猜测和臆断，就一定能读出不一样的见解。

（3）引。

学习应该是一个螺旋上升的过程，后面的学习内容要以前面的内容作为基石，教师要设计合适的问题和活动让学生拾级而上。"引"就要发挥这样的作用。《学记》中说"道而弗牵，强而弗抑，开而弗达"，说的就是"引"。教师可以将自己的解读讲给学生听，但比不上让学生自己在阅读中寻找真相。

就这篇文章而言，有了前两个环节的铺垫，相信到了第三个环节，学生应该对文本有了更深刻的认识。但这种认识还只停留在"找证据"，形成有效的证据链的阶段。在学生深入阅读文本的时候，有一个内容是跳不过去的——老汉的形象，老汉沉着冷静、临危不乱、让人肃然起敬的高大形象。其实老师不讲学生也应该知道，那么就不该把得出这样的结论作为学习内容，而应该关注那些学生似知而未知，似懂又非懂的内容。

同样是分析人物形象，以"学"为目的的设计应该突破文字表面对学生的限制，突破以往的阅读习惯，重新建构自己的阅读感受。小说中的人物形象又不同于其他文体，往往是丰满的形象，他们的形象往往是通过"矛盾"显示出来的。内心的矛盾冲突越是厉害，给读者带来的冲击越大，形象塑造得就越成功。就像《祝福》中的祥林嫂，鲁迅让她起来对抗种种不公，所以她才会"改嫁"，但她又无法跳出封建礼教对她的思想的束缚，所以才会选择"捐门槛"。反抗与禁锢成了她悲剧的主要原因，也是这一人物形象能长久地根植于人心中的原因。

了解作者塑造人物形象的方法，有助于我们分析、理解文本。这篇文章中的老汉也是一个值得分析的圆形人物，前面的文本解读已经分析过了。这里我们要让学生在阅读中直指老汉内心的"矛盾"，让学生与人物直接对话。通过分析种种反常的行为来透视老汉的情感世界，再去看他的沉着冷静、临危不惧的真正原因，再去看他"凶得像只豹子"时的内心世界。这样得出的结论，才会震撼到学生，这是讲解的效果无法比拟的。为了达到这样的学习效果，我设计了一个学习活动：结合自己再次阅读时整合的证据链，把目光聚焦到老汉身上，看看在他身上有哪些反常之处？作者想通过这些反常表达什么？

这是为了把学生引向学习的"深水区"，让他们感觉不舒服，甚至是难受。无法突破文本的障蔽，就无法真正呼吸到文学作品的精华。多读书只是在量上的积累，要想达到质的飞跃，就必须敲碎阻隔在眼前的墙。

读小说包括一些经典的文学作品，一个很重要的目的就是要弄清楚作者到底想要表达什么。我们可以按照这个结果倒推，形成一个阅读路径。要想知道作者想表达什么，就必须得弄清楚主人公的形象，而主人公的形象又是隐藏在那些"反常"和"矛盾"之中（绝不只是表面看到的那么简单）。因此，抓住了文章的反常和矛盾也就抓住了"命门"，读到这种程度，学习自然是发生了，也必定是快乐的。

（4）提。

文本一旦完成，就具有了生命力，这种生命力表现在可以与时俱进。再精细的讲解都无法完整地涵盖文本的全部内涵，因此，学生对文章的学习过程与教师的引导过程，其实都是一个启发、探索的开端。打开学生的好奇心、求知欲，才是教学的胜利。

对于这个"提"字的理解，可以包括两个方面：

一是学生要带着问题进课堂，也要带着疑惑出课堂。学生带着问题进入课堂，是"不打无准备的仗"；学习的目的清楚了，学生听课和思考就有的放矢。当然，学生有备而来，老师也不能毫无防备吧。学生的问题会逼着你更加努力地备课、思考，不敢怠慢。这样的教学才能真正地实现教学相长。学生带着困惑出课堂，正如韩愈所说"师者，所以传道受业解惑也"。这句话是对教师职责的声明，但是面对浩瀚的知识海洋，教师自身的力量又是极为弱小的。授之以鱼不如授之以渔，交给了学生"捕鱼"的方法，就要让他们自己结网捕鱼。

就这篇文章而言，可以通过以上三个环节走进文本深处，触碰人物内心世界，也可以在某种程度上了解作者的写作意图，但这也不是文本的全部。还有很多问题有待解决，还有很多细节可以咀嚼，还有很多东西值得探索。例如：文中还有一个细节很耐人寻味——老汉没有名字。作为一个英雄，为什么不让人们记住他的名字？即便是虚构的人物，他也该有名字。别人都是害怕读者怀疑自己的作品是虚构的，想方设法加强文本的说服力，但这篇文章的作者却反其道而为，留下这么大一个"漏洞"。作者想干什么？这是一个很有意思的问题，可以让学生透过这篇文章了解作者的内心世界，了解写作的技巧，了解文学创作的方法等等。再比如，文末的老妇人的出现，难道就是为了揭示老汉与小伙子的父子关系吗？像这样的问题，可能还有很多，这里就不一一列举了。

这些问题在课堂上可能没有足够的时间探索，但是在课下却有大把的时间来分析、玩味。教师可以在下课时把这些问题抛给学生，让他们自主探究。学习要打破时空的界限，就必须先突破课堂40分钟的限制。上课的铃声不只是学习的开始，下课的铃声也不意味着学习的终止。因此，带着问题出课堂，带着疑问自己去探索才是我们最希望看到的学习姿态。

二是提升学生的思维品质。长期以来，学生习惯了"听"和"记"，听老师说、听同学说、听作者说，记老师的话、记同学的话、记作者的话。但是这样的"听"和"记"，却并没有让他们的听觉更加敏锐——能听出话语高低优劣，甚至是弦外之音；也并没有让他们的笔变得灵活动人。造成这种结果的原因是，他们放弃了思考，远离了思辨。没有思考的倾听好比耳旁之风，左耳进右耳出；不会思辨的记录好比沙中刻字，一记而过。学着学着发现自己没了，这是多么可怕；我在学习，但却不知道学的是什么，学来干什么，这又多么可悲。

教学不但要把课堂还给学生，还要把思想还给学生。要让学生说"我不懂"，更要允许他们说"我不同意"。给学生一点发表观点的时间，让他们站起来"反抗"作者，"反对"老师。这并不是沽名钓誉，也不是所谓的噱头，而是一件应该在课堂上真实发生的事件。不同的声音，不该只在课堂上发出，也要在课程结束时，甚至是课后发出。文本解读没有绝对的权威，课堂教学也没有绝对的主宰。

　　放、收、引、提，这四个学习环节的设计，是从长期实践中总结和剥离出来的，主要是想明确教师在不同的阶段要完成的教学动作和任务，并非想打造一种固定的教学模式，让别人生搬硬套。希望这样的提炼，可以给读者更多的思考和启发。对于学习设计和教学方法的确定，都要以具体的文本作为研究对象，也要选择适合自己的教学风格。

"切入·贯穿·细品"三位一体的长文短教
——以《爸爸的花儿落了》的教学为例

"长文本该如何教学"这个话题，大约是在有语文教学之时起就一直是困扰一线教师的一个问题。几千字的文章怎么取舍，该教什么，怎么教，这些问题必须直面。长文"短"教不等于长文"浅"教，也不等于长文"断"教。这个"短"并不是把文章刻意截取，或者随意割舍，进而选取所谓的教学内容。《孙子兵法》中有个原则叫"我专而敌分"，苏轼则认为如果八面受敌，则不应该分兵而击，而应该集中优势兵力，以众敌寡逐一击破。苏轼在读《汉书》时就使用了这种"八面受敌"的读书方法，读一遍只解决一个问题，直到通透为止。虽然我们囿于时间限制不能无限制地反复阅读一篇文本，但"八面受敌"法还是可以给我们提供一些参考——集中精神做一件事。邓彤老师也认为："教师可以集中精力解决那些学生最困惑的少数问题。"[1]

笔者在长期的教学实践中归纳出了"切入·贯穿·细品"三位一体的"长文短教"的方法，接下来就以《爸爸的花儿落了》这篇文章的教学为例，谈谈我对"长文短教"的一些看法。

一、切入

选择一个恰当的切入口，对于长文本的教学尤为重要。一篇有60几个

---

[1] 邓彤.长文短教：课堂教学效率提升之径［J］.中学语文教学，2007（3）.

段落3000多字的文章，怎样才能不把它"碎尸万段"又不会"囫囵吞枣"呢？可以说要理清文章的脉络，将文中的"大事小情"都能尽收眼底，对文章必须做到"熟"。学生不熟悉文本，老师有再大的本领、文本解读得再好也只能在上课的时候"唱独角戏"。因此，从把握文章的脉络入手切入文本，无论是对学生的"学"，还是对老师的"教"都是至关重要的。

1. 分段法

整体把握文章脉络的方法有很多，比较常用的是分段。但文章一旦被分开，往往会导致段与段间割裂的问题，分开容易串连起来就难了。因此，分段概括段意这种把握文章脉络的方法已经很少出现在教学中（尤其是公开教学）。不一定旧的方法就不好用，一味地求新求异也不一定都好用，关键还要看怎么用。像这篇文章一样的长文本，绝对可以使用分段的方法把握脉络。但一定不能分得细碎，一定是快刀斩乱麻。几刀下去，文章脉络自然清晰可见，相反，越是细碎越难以把握。

就这篇文章而言，围绕"毕业典礼"这条线索展开叙述，就可以把文章分为：毕业典礼前（1—30段），毕业典礼中（31—52段），毕业典礼后（53—66段）三大块。在这个过程中又穿插了"一年级赖床被罚"和"独自到银行去给日本的陈叔叔寄钱"两件事。这样一来，文章的脉络就清晰了。毕业典礼是主线，而另外两件回忆的事又与毕业典礼巧妙地结合起来，在成功地塑造了父亲的形象的同时又暗示着"我"的成长，使文章内涵丰富、耐人寻味。

2. 勾连法

金圣叹在评《水浒传》时提炼出一种写作手法——"草蛇灰线，伏脉千里"，就是反复使用同一词语，多次交代某一特定事物，可以形成一条若有若无的线索，贯穿于情节之中。景阳冈一段连写18次"哨棒"，紫石街一段连写16次"帘子"和38次"笑"，圣叹说这是"草蛇灰线法"。小说创作中多用这种手法，篇幅越长可能"伏线"越久。作家可以用这种方法创造文本，读者当然也可以用这种方法解读文本。

这篇文章的前11段中有很多内容都与后文有着密切的关联，找出这些关联对理清文脉十分有帮助。例如，文章开头中的"夹竹桃"，这就是"爸爸的花儿落了"中的那个"花儿",文章第 54 段中就写道:"旁边的夹竹桃不知什么时候垂下了好几枝子,散散落落的,很不像样。"再比如,第 5 段中写道:"但是我说:'爸爸,你不去,我很害怕。你在台底下,我上台说话就不发慌了。'"这句中的有个关键词"害怕",与后文的关系也十分紧密。在第 36 段中写道:"我们是多么喜欢长高了变成大人,我们又是多么怕呢!"还有后文爸爸让我去东交民巷的日本银行给陈叔叔寄钱,第 47 段就两个字"爸爸!"这是"我"害怕的表现,所以爸爸才安慰"我"说"不要怕,英子"。再如,第 6 段中的"硬着头皮"和"闯"也非常重要,50 段中爸爸跟"我"说,无论什么困难的事,只要硬着头皮去做,就闯过去了,以及 51 段中叮嘱"我""闯练,闯练"。包括第 11 段中出现的"长大"这个词,与后文更是密切相关。

找到这些关联,文章在你眼中就是一个完整的不可分割的整体了,在读文本的时候前后勾连顾此又不失彼,无论老师(同学)讲到哪里,你都会把这些内容关联起来,想把它们割裂都不行。

3. 线索法

《朱子语类》卷七五:"又曰事事都有箇端绪可寻。又曰有路脉线索在里面。"一般来说,在文章开头、中间、结尾处都有出现的词语(人称和地名等专有名词除外)就可以算作是线索了。按照常理,反复出现在文中的词语一定是有特殊意义或作用的。

就这篇文章而言,线索不止一条,而是三条。毕业典礼、花儿和长大,前两条线索是明线,后一条是暗线。然而前两条线索又都为"长大"服务,毕业典礼结束后,我回到家看到爸爸的花儿"落了",显得格外"镇定""安静"。这与"我"之前害怕毕业典礼时登台代表毕业生发言,以及害怕独自去给陈叔叔汇钱的心理形成了巨大的反差。这种"镇定"和"安静"就是"我长大了"的暗示。但是,我的成长是离不开父亲的,没有他的严教(打我),我就不会每天最早到校,一个总迟到的学生又怎么有机会作为毕业生代表呢?所以挨打这件事,对我的影响十分巨大,与毕业典礼密切关联。而独自寄钱这件事更是对我影响巨大,没有经过这件事的"闯练",我也就不会感受到那份因"闯练"而获得的长大的体验。这又与前文"我们是多么喜欢长高了变成大人"相呼应，同时也为下文我知道父亲的"噩耗"时却显得格外"镇定"埋下伏笔。

虽然说，这三条线索任何一条都可以将全文串联起来，但却不可以割裂开来。它们是你中有我，我中有你的关系，互相交错又清晰可循。共同服务于这篇文章的主旨——怀念童年生活的同时又怀念那个在自己成长路上起着至关重要影响的父亲。

长文短教的关键是要对文本非常熟悉，这三种方法可以帮助学生在阅读中构建一个完整的逻辑链条，它们三者本身又都有关联——分段法依据的是"毕业典礼"的时间，勾连法又与线索有着千丝万缕的关联。所以，完全可以把这些方法综合起来，全方位把握文本。

二、贯穿

为了让学生在一节课中能有始有终，不会因为课时的限制而中断学习、打乱思路。所以，长文本阅读最好的处理方式是两课时：第一课时主要是理清文章脉络和熟悉文章内容；第二课时再对文本进行深入挖掘，细致分析。但由于文章很长，这就需要一个提纲挈领的手段将文本贯穿起来。

1.问题链贯穿

问题链是以问题为线索串联全文的一种上课方式，问题与问题之间要有承接关系，问题链必须有严谨的逻辑结构。这种教学方式主要是以教师为主导的"教"学，教师通过问题的设计达成自己的教学目标。作为一课时的教学计划来说，问题一般不宜过多，既要兼顾内容分析又要兼顾语言学习，往往会有捉襟见肘的感觉。

问题链的设计一般有两种路径：一种是归纳法，即由小（简单）问题导入，再用若干个小问题一步步地根据教学需要引导学生，最终将这些小问题进行归纳进而得出一个教师已经明确的结果（主旨）；另一种是演绎法，把对文本的某种特定的理解（主旨）作为学习的一个终极目标，然后通过问题的引领，一步步将最终的目标分解。小问题之间会有一种内在的逻辑关系，相互勾连共同证明终极目标。

我们以演绎法为例，看看如果用这种方法该怎样设计问题，思考过程如下：

首先将确定文章的主旨（作者写这篇文章想表达什么）作为终极目标。接下来，为了达成这个目标，我们必须了解文章都写了什么。从这个问题开始，就需要一步步地完成问题链的设计了。"写了什么"这个问题比较抽象、模糊且指向性不明，所以要把这个问题具象出来。因此，可以把这个问题转换为"文章具体写了哪几件事"。从事件入手进一步分析问题，这时候教师已经有明确的预设了：主要记叙的事件应该包括"一年级赖床被打"和"独自去给陈叔叔寄钱"，在这期间还有"毕业典礼"。当学生整理出这些事件之后，教师可以继续追问："作者写这些事的目的是什么（与主旨间的关系）？"解决这个问题无法避免展开对人物形象的分析，再进一步明确这几件事之间又有着共同的联系——每件事都有爸爸对我的教育和鼓励（我的成长离不开爸爸），至此，文章的主旨基本浮出水面。

问题链作为贯穿全文的手段，其实是将老师读到的东西转交给学生，学生的思考和回答都是围绕老师的问题，很难有自己的主见。这是典型的以"教"为主的课堂样态，所以为了让学生更加清楚老师的意图，必须在讲完课后对整个文章的分析思路（问题链的逻辑关系）进行重复讲解，以便学生学习这种解读文本的路径。

2. 核心问题贯穿

核心问题是指能彰显文本核心价值的问题，它往往很大，能涵盖整篇文章，这样的问题具有一定的提纲挈领的作用，能牵一发而动全身。同时，核心问题往往具有一定的挑战性，一般同学几乎是无法独立完成的。要解决这个问题首先要对文章有充分的理解，同时也要有同伴互助，方可对核心问题进行探讨。

笔者在教学实践中也归纳了一些提出核心问题的方法，如：以主旨为问题，可以直接提问"这篇文章作者想表达什么"，也可以抓主旨句提问，还可以在问题中影射主旨。又如：抓文题提问，从文章题目或者题目中的关键词入手，提炼出核心问题。再如：抓矛盾提问，文章前后叙述的矛盾、人物行为或者情感上的矛盾等，抓住矛盾究其根源。

再回到这篇文章的问题设计：

抓主旨句提问：文章结尾"爸爸的花儿落了""我已不再是小孩子"这两句话表达了作者怎样的情感？请结合文章内容谈谈你的理解。

抓文题或者题目中的关键词提问：文章题目是"爸爸的花儿落了"，所以有人认为应该是写"爸爸"的文章，你同意这个观点吗？请结合文章内容加以说明。

抓前后矛盾提问：文章前文"我"要上台代表毕业生发言时对爸爸说道"爸爸，你不去，我很害怕"，后文要独自去给陈叔叔汇钱时"我"也央求"爸爸！"，这都是害怕的表现，但是为什么到了文章的结尾，"我"知道爸爸去世的消息后却说"我从来没有过这样的镇定"。面对小事都害怕的"我"，怎么面对父亲去世的噩耗却镇定呢？请结合文章内容谈谈你的理解。

这些问题都能起到串联全文的作用，无论解决哪个问题都无法回避对文章事件的理解、对人物形象的分析、对情感的把握。在解决这些问题的时候，一定要以文章内容和对内容的理解为依据，决不能天马行空的乱说，脱离了文本的理解是"空"谈，脱离了文本的语文教学是"空"的语文教学。

以核心问题为导向的教学可以理解为，教师给出方向，学生自己找出路。它的好处是学生的主体性得以很好的体现，他们可以在独立学习和合作学习中获得新的知识与体验。教学不再是老师一人唱"独角戏"，语文课将成为师生共同的"作品"。当然，以核心问题为导向的教学，对教师自身的专业素养和教学能力都是极大的考验。因为没有预设，学生是不会按套路出牌的，要想在纷乱的回答中理出一条线来，不是一件容易的事。它不但考察教师的倾听、记录、思考和教学智慧，更考验教师的文本解读能力，否则学生的回答教师无法辨析，也就无法招架了。相反，如果教师和学生都处于一种平等的学习状态中，教师以一个学习者的身份加入学生学习的过程，那师生间的合作是可以促成教学相长的。

相对于"问题链"的贯穿教学，我更喜欢以"核心问题"为导向的没有预设的生成。"学习"本是人的一种本能，就像是走路和说话，这些技能都是与生俱来的，不过是需要不断地实践，去把这些本能唤醒罢了。学习语文也是如此，我们要给学生的不是一个又一个的拐棍，而是一个又一个的平台。我深信每个学生都是有独特思想的人，他的思想会随着年龄的变化而不断地更新，教师要做的是帮助学生不断地从学习中更新他原有的认知和理解，而不是改变他思考的方式或者用教师的思想代替学生的思想。因此，在教学中我们需要给学生更多的时间、更自由的空间。以核心问题为导向的教学，好比"跑马圈地"，在文章中圈了一块场地，学生的思想可以不断地向文本深处驰骋，但却不能凭空想象、信马由缰。

三、细品

语文学习离不开"品"，也不应该离开。无论是语言还是文字、文章、文学，甚至文化，都离不开"品"。"品"与文本的长短无关，但一篇文章不是处处要"品"，也不是什么都可以"品"。

1."品"在细微处

越是大作家心思越细腻，林海音写完《城南旧事》的时候已经是人过中年了，但文中的"我"却是一个孩子的形象，一个刚刚小学毕业的孩子而已。作者以一个孩子的口吻来写事，把一个孩子的形象和一个孩子眼中的父亲形象刻画得淋漓尽致。

下面以"我"赖床不去上学而被爸爸打这一段文字中的细微之处的品读为例，对其加以说明：

对于第22、23段爸爸打"我"的内容，历来都是教学中研读的重点，对此我有不同的看法。这两段中塑造了一个"严父"的形象，其中"拖、左看右看、抄、倒、抡"和"爸爸把我从床头打到床角，从床上打到床下"这些词语、句子仅仅是再现了当时爸爸的气愤，这两段文字的画面感很强，其实是给读者"看"的。不需要你花太多的时间去琢磨：爸爸为什么要打她，为什么要打得这么狠？作者意在告知读者"我"的爸爸是严厉而不是暴力。所以，理解这个问题的关键在这两段之前的父女二人的对话。文中写道：

> 他瘦瘦高高的，站在床前来，瞪着我：
> "怎么还不起来，快起！快起！"
> "晚了！爸！"我硬着头皮说。
> "晚了也得去，怎么可以逃学！起！"

这几段文字简单明了，但却意蕴丰富，需要品读。"怎么还不起来"这是质问的口气，言外之意是到了起床的时间必须起床。"快起！快起！"连着两个"快起"加了感叹号，这是带着强烈威严的催促。当"我"以"晚了"作为开脱理由之时，爸爸教育"我"："晚了也得去"，去上学是爸爸的底线，"晚了"和"逃学"是两个性质的问题，在爸爸眼中"逃学"是大错，我已经有了"犯错"的念头和"勇气"，这是他不能容忍和放纵的。所以催促的口吻就变成了"起！"的命令。这几句话非常有意思，还原了一个是非分明、不溺爱孩子、讲原则的父亲形象。在此基础上再去理解后面的"打"的行为就能明白爸爸的良苦用心，而作者把整个过程都细腻地再现出来，也是用心良苦。

品味语言最大的忌讳就是把语言从文本中剥离出来，仅从形式上去分析、模仿，根本没有触及语言内在的逻辑形式和丰富的情感。既然是"品"就不能随意放过，"品"的过程不仅是对作品语言分析的过程，更是对学生语言体系构建的过程。

2."品"在矛盾处

孙绍振教授的"矛盾分析法"对我非常受用，现成的文字是有一定的障蔽性的，要想攻破文本这座"城堡"，就要抓住文本中的破绽，而矛盾就是这个破绽。矛盾一般分为显性矛盾和隐性矛盾，前者多是前后语句表述上的冲突，后者是需要分析、提炼的。

在这篇文章中这两种矛盾都存在，抓住这些矛盾对于文本的解读（文章的学习）都有巨大的帮助。其中一处显性矛盾在第36段，文中写道："我们是多么喜欢长高了变成大人，我们又是多么怕呢！"其中"喜欢"和"怕"就构成了矛盾关系。有些人会认为，这有什么呢，谁不"喜欢长高了变成大人"呢？当然变成大人就要面对很多事，自然会"怕"。这其实就是文字的障蔽，如果把它当作是一种应然关系去处理，便阻碍了读者进一步对文本的分析和理解。然而要让学生把这句话中所蕴含的那种"矛盾"的情感"读"出来，还是要联系上下文的语境。

"喜欢长高了变成大人"，这是每一个孩子都会有的正常的心理，"长高"是生理上的成长，"变成大人"则需要心智上的成长。然而从生理上的长高到变成大人，这个过程往往伴随着很多感伤。在文章中，这种感伤主要有：离别母校和老师的感伤——"老师！你们要永远拿我当个孩子呀！"离别亲友、告别童年的感伤，"宋妈、兰姨娘"和"蹲在草地里的那个人"——"这些人都随着我的长大没有影子了。他们是跟着我失去的童年一起失去了吗？"长大还意味着承担责任——爸爸让我独自去银行寄钱。无论是要面对的事情，还是要做的事情，对一个刚刚小学毕业的"我"来说，都是十分可怕的。在这个矛盾的表述中，我们读出的是，"我"对童年的不舍、对亲友的留恋和对独立的"怕"。而"怕"又与文章的开头"爸爸，你不去，我很害怕"遥相呼应，同时又与文章结尾得知爸爸的噩耗后显得格外的"镇定"形成对比。这些内容串联在了一起，使人物情感脉络清晰可见。

细品的前提是要对文本进行取舍，这也是处理长文本的方法，没有"舍"就不会有"得"，放不下也就拿不起。一篇几千字的文章可品的内容肯定不在少数，如何取舍还要看教师对文本的解读和教学价值的挖掘，更要结合学生在实际阅读中提出的问题。

切入、贯穿和细品是"三位一体"服务于教学的，三者你中有我我中有你，逻辑上是环环相扣，实践中又是彼此依赖。从把握文章脉络入手"切入"文本，是为了"贯穿"全文的那一个核心问题服务的，而要想真正理解作品还必须依赖于对语言的"细品"。在层层递进的学习过程中，学生不但走进了文本的意蕴中，还走进了文本的语言形式里，当然理想化的阅读是走进作者的心灵深处。

从提炼信息到解决问题
——以《天游峰的扫路人》的教学为例

《天游峰的扫路人》是苏教版语文课本六年级下册的一篇课文，我曾几次执教这篇文章，在不断地修改和反思自己的教学思路后，总结、提炼出一种相对稳定的教学路径：提炼信息，提出问题，再利用信息解决问题。本文主要从这三个步骤说起，谈谈自己对这种教学形式的一些思考。

一、提炼信息

建构主义认为，文本阅读是连贯性阅读与焦点阅读的双加工过程。在这个过程中，读者所阅读的信息不同，产生的信息加工活动也不同，读者会根据阅读的文本信息的性质交替发生不同的加工活动。

第一种是连贯阅读加工。如果进入的文本信息是没有引发焦点的信息，或者是与焦点无关的信息，读者进行的就是连贯阅读加工活动，其主要任务是维持文本语义的局部连贯或整体连贯。

我们姑且可以把这个过程看作是为了获取信息而获取信息的过程，只需要知道作者都写了些什么即可，而不需要做更深刻的思考和研究。例如，《天游峰的扫路人》从维持语义连贯性的角度来说，我们只需要知道时间、地点、人物，以及事件的起因、经过和结果即可。当这些信息整合在一起的时候，我们得到的结论是这样的：我（人物一）在傍晚（时间）游览天游峰（地点）后，碰到一位扫路人（人物二），他请我喝茶（事件起因），我们聊了扫路人的工作和年龄（事件经过），并相约30年后再聚（事件结果）。读到这种程度只能说抓住了文章的最基本的信息，当然也就只能得到最低限度的认知。从表面上看，这些语义传递了一个十分连贯的信息，但是当我们加入一些问题后，就会发现，这些看上去连贯的语义其实是割裂的。并且还会发现，对于文本我们其实可能还是存在诸多问题的。如果教学仅停留在获取信息上的话，无疑是把文本读浅了，随之而产生的教学设计也必定是浮于表面。浅表化的教学设计，必然导致浅表化的学习。

我们就上面的信息，提出一些最基本的问题：（1）关于"我"的提问："我"在文中的作用是什么？这一作用是如何体现出来的？（2）关于"傍晚"即时间的提问，为什么两人相遇的时间是"傍晚"，而不是其他时间呢？交代这个时间的目的是什么？（3）关于"天游峰"即地点的提问，天游峰在文中所起的作用是什么？文章几次描写天游峰的环境的目的是什么？（4）关于"喝茶聊天"即事件的提问，他们聊天的内容和文章要表达的主题有关吗？文章要表达什么主题？（5）关于"30年后"的约定即事件的结果的提问，作者通过这个看似不可能实现的约定到底要表达什么呢？

当这些问题抛出的时候，时间、地点、人物以及事件的起因、经过和结果，又成了彼此孤立的信息了。文本解读的目的不是为了获取一些看似连贯实则割裂的信息，而教学的目的更不是为了教会学生提炼这样的信息，以及通过这样的信息分析和理解文章内容。

第二种是焦点阅读加工。为了让信息之间的关联更加紧密，为了让文本解读更为深入，为了更好地理解作者的写作意图，信息的获取和提炼需要经过第二个阶段——焦点阅读加工过程。焦点阅读主要是读者把握阅读文本的基本要旨，建立文本的局部或整体的逻辑关系。为了理解文本，读者会对文本中的目标、因果系列的信息形成焦点，当所进入的文本信息是属于明确的因果关系的信息，如目标信息等，就可能会自动引发阅读焦点（目标焦点），焦点一旦形成，就会使随后的阅读过程成为焦点加工的过程。

再回到上文的诸多问题上，为了解决这些问题，读者需要把目光从时间、地点、人物等因素，转移到对细节的关注和对写作目的的思考上；从一般性信息的获取转移到焦点信息的提炼上。就拿"傍晚"这个问题为例,如果说从"傍晚"这个信息中仅能获取的是事件发生的时间的话,那么当阅读者关注了这个词前后的信息,就可能会有新的发现。原文是这样写的:"下了山,已是傍晚时分",在"傍晚"一词之前有三个字"下了山"。从这个信息中我们可以获知,"我"从天游峰下山已经是"傍晚时分"了,这与下文老人说"我每天早晨扫上山,傍晚扫下山",在时间上是相吻合的。此外,交代"傍晚"这个时间,还与下文"我"对扫路人的"两次"观察埋下伏笔。由于天色已晚,所以在"我"初见扫路人时只是粗略地看了他的穿着,并未看清面貌。也正是由于这个原因,所以才有了在一番对话之后"我"对扫路人的"仔细打量"。而这"仔细打量"中,又包含了"我"对扫路人的年龄的惊讶以及对他的乐观心态的钦佩之情。

由此可见,阅读的焦点是由"傍晚"这个词牵出的,但它作为焦点信息的作用却不仅是交代时间这么简单。通过对文本前后的勾连阅读,我们又得到了两条有用的线索:一条线索佐证了老人"每天早晨扫上山,傍晚扫下山"所言不虚;另一条线索则揭示了人物的情感变化——初见不甚留意,深聊之后才更加敬佩。文本解读不是信息的孤立提取,而是通过信息之间的联结或者不同信息的组合而得出新的线索、见解的过程。

刘勰《文心雕龙·知音》中说道:"夫缀文者情动而辞发,观文者披文以入情,沿波讨源,虽幽必显。"作家创作,总是由内而外,即先由对客观现实的感发而产生内在的情态,这种情态通过辞章表达出来,阅读文章的人通过文辞来了解作者所要表达的感情,沿着文辞找到文章的源头,即使是深幽的意思也将显现,被人理解。上文的例子刚好可以作为"披文入情"的诠释,那么什么是"沿波讨源",又该如何"沿波"去"讨源"呢?水的涟漪是一个核心点向四周均匀扩散而产生的,所以循着荡漾的波纹是可以找到那个最初的原点的。这些"波纹"就是信息,而"原点"就是作者的写作目的,这就是"沿波讨源"。对于《天游峰的扫路人》这篇文章而言,它的"波"是什么?它的"源"又在哪里呢?

从文章的题材来看,这是一篇记叙文。按照正常的逻辑,写人记事的文章无非为了塑造人物形象，或者传情达意。按照这样的思路，文章塑造了一个扫路人的形象。如果作者仅仅是为了告诉读者他在天游峰遇到了一位不怕苦累、乐观豁达的扫路人的话，那么这篇文章的立意和主旨就未免太过肤浅了。剩下另一个目的就是为了传情达意，那么这篇文章的作者到底要表达怎样的情意呢？可以把这个问题作为"源"，进而逆推"波"，再根据"波"的联结和组合找到最终的"源"。关于"波"的理解，可以指波纹，浮于表面一看便知；还可以理解为"不平"，即不易被发现，是隐藏于文字背后的内容。

次要信息的联结—主要信息—主题，这是一个循序渐进的过程。挖掘主题必须依靠主要信息，而不是次要信息。次要信息的作用是产生一定的联结关系，进而为主要信息服务。按照这个思路，我们可以重新建构自己的理解。要想知道作者表达了什么，就要弄清楚扫路人这个形象，而要弄清楚扫路人这个主要形象背后所包含的东西，就需要对扫路人的人物描写进行分析或者对天游峰、"我"、游客、宿鸟等信息进行联结或者组合。

首先，我们从对扫路人的描写入手，先把文中描写扫路人的信息提取出来：

（1）"不累，不累，我每天早晨扫上山，傍晚扫下山，扫一程，歇一程，再把好山好水看一程。"他说得轻轻松松，自在悠闲。

（2）老人摇摇头，伸出了七个指头，然后悠然地说："按说，我早该退休了。可我实在离不开这里：喝的是雪花泉的水，吃的是自己种的大米和青菜，呼吸的是清爽的空气，而且还有花鸟作伴，我能舍得走吗？"

（3）"30年后，我照样请您喝茶！"说罢，老人朗声大笑。

这几句话中就包含了"波"的两层含义，从表面上我们可以直接抓住带有一定概括性的信息，如"轻轻松松、自在悠闲、悠然、朗声大笑"，如果单从这些信息入手，可以概括出老人是热爱工作且十分乐观、豁达的。这些浮于表面的信息，容易让读者得出固定且统一的认识。同时，它也会阻碍对文本的进一步分析,因为现成的文字往往具有一定的障蔽性。从文学接受的角度来说,作者对一部分读者呈现了大众化的信息,让大家达成一定的共识。而作者真正要表达的内涵,往往并不是通过这些信息传递的,而是隐藏起来的,是写给那些能够读出弦外之音的读者的。这部分内容需要将前后文联系起来,需要更开阔的视野和更细致的观察分析,才能发现与众不同的那层含义。

其次,将直接信息与间接信息整合起来。在老人回答"不累,不累"之前,是"我"的一个问题,"如今游客多,您老工作挺累吧?"乍看上去,这并没什么奇怪,不就是问了老人工作累不累吗?但仔细一想,问题就来了。两个陌生人见面,没有任何寒暄直接问工作累不累,是不是有些不合常理呢?有了这个疑问再看看老人的回答,"不累,不累……"在老人回答后,"我"又看了看天游峰,文中这样写道:"我抬头望了望在暮色中顶天立地的天游峰,上山九百多级,下山九百多级,一上一下一千八百多级。"不仅如此,还加入了对游客的叙述,"那层层叠叠的石阶,常常使游客们气喘吁吁,大汗淋漓,甚至望而却步,半途而返"。当我们把这些信息组合在一起的时候,就会发现,写天游峰和游客绝不只是为了反衬老人。如果游客的表现是正常的,那么老人的回答就是反常的。对于以游玩为目的的游客来说,上山下山都是"累"的,为什么扫山的老人却说"不累",而且说了两个"不累",这难道不是反常的地方吗?

按照这种解读的思路,我们还可以发现后文的另一处反常之笔。"我"问老人是不是60岁了,老人伸出七根手指(言外之意是70岁),这不但大大超乎了"我"的预料,更是不合情理的。70岁本是该退休的年纪,老人却没退休依然坚持扫山路。

把这三处反常的信息联结在一起之后,会得出一条线索:作者让两个陌生人见面就谈"工作",这里显然是省略了许多无用的交谈信息,那么仅剩下来的"工作"就成了作者最想要留下的信息了。而后面的两次对话,都是围绕这个话题展开的,"累"与"不累"是关于工作的,"退休"与"不退休"也是关于工作的。当这些不平的"波"被一一找到并联结在一起的时候，作者的写作目的便渐渐浮出水面。原来他要表达的并不是对老人这一形象的赞美，这里面还隐含着作者对"工作"的深刻的哲理性思考。扫路既是老人的工作也是老人的生活，他每天的大部分时间都在扫山路，而他的生活地也与工作地同地，他吃在这里、住在这里，工作即生活，生活即工作。老人不但热爱生活，更加热爱工作，也正是由于他对生活和工作的热爱，所以再累的工作也是不累的，该退休了也舍不得走。而作者要表达的恰恰是这层含义，有时候无法选择工作和生活，但可以选择面对工作和生活的态度，就像老人一样，热爱工作，珍惜现有的生活。

获取什么样的信息，就会得出什么样的结论。提取表面的、孤立的信息都是导致浅表阅读的原因，要想真正读懂作者，就必须冲破障蔽在眼前的次要信息，直接抓住主要信息，再"因枝振叶""沿波讨源"。

二、提出问题

这里所说的提出问题，主要是针对学生的提问而言的。让学生在课上提出问题，这是一件困难的事情。这种困难来自学生自身的阅读习惯及其对文本的理解程度，所谓的阅读习惯是指大多数的中学生在平时阅读的时候，不曾想过提问或者根本不会提出问题。我曾问过一些同学，会不会在读书的时候产生问题呢？一些同学表示几乎没有想过要提问这件事，还有个别同学会提一些稀奇古怪的问题。

1. 学生不会提问怎么办

我想到了自己的读书经历。大学时读《围城》，只觉得方鸿渐是个可怜又可恨的角色，哀其不幸，怒其不争。但却没想过，是什么原因让方鸿渐从一个挥金如土的少爷变成了一个受人排挤的老师。也没想过，作者写这样一个人物的目的是什么。不要说中学生了，就连成年人可能也不会提问题。

现在想想不会提问题可能有三个方面的原因：（1）读者没有养成深度思考的阅读习惯，停留在以获取信息为目的的基本阅读层面上。这种情况其实跟现在的语文教学有很大的关系，学生上课时多是围绕老师的问题寻找答案，或者提炼解决问题的信息，因此他们的阅读往往是点状的、分散的。他们自己无法将这些信息联结起来，形成对文本的新的理解。久而久之便养成了唯教师之讲授之为听、自己不再动脑思考问题的习惯；(2) 所阅读的文本超越了读者理解的范围，读者无法理解作者写作的真正目的。这种情况主要是发生在阅读一些比较难懂的文章时，学生由于阅历和思想的局限而无法走进文本，只能停留在对文字表面的理解上。(3) 自以为文章简单一读就懂，便不再深入研读。《天游峰的扫路人》这篇文章初读的感受就是比较浅显易懂，对于初中生而言理解字面意思不难。读者只是了解了作者写作的其中一层用意，便以为读懂了作者。

我们应该重视这种情况，同时也要想办法扭转这样的局面。从这三个原因看，语文教学应该培养学生的问题意识、提问能力，以及分析理解能力。如果想让学生具备这些能力，首先教师要有深厚的文学功底和文本解读能力。孙绍振先生一直反对在课堂上讲那些学生一望而知的内容，要讲那些感觉到又说不出来的，或者以为一望而知，其实是一无所知的东西。①

2. 如何引导学生提问

几次执教《天游峰的扫路人》，我都会让学生在整理完信息之后当场提出问题，再把问题记录在黑板上。虽然不同地区学生的语文学习水平有所不同，但几次执教下来，学生们所提的问题却有很多是重复的。这表明，同一文本对于相似年龄段的学生而言产生的问题大同小异。如果给予学生充足的思考时间，在提炼完信息之后学生是可以提出问题的。

通过对这些问题和学生学情的具体分析，我发现可以从以下几个方面对这些问题进行归类：

首先，从问题的类型来看，多数地方的学生把问题集中在文章的细节内容以及写作目的上。关于细节内容的提问，例如：作者为什么前后两次描写老人的肖像？为什么要在结尾写一对宿鸟呢？它们飞走了，为什么还会飞回原处呢？为什么要写天游峰？关于写作目的的提问，例如：我和老人 30 年

---

① 孙绍振. 名作细读——微观分析个案研究 [M]. 上海：上海教育出版社，2009.

的约定能实现吗？作者写这个约定的目的是什么？作者写这篇文章要表达什么？

其次，从问题的质量来看，阅读遍数越多，思考时间越长，学生提出的问题质量就越高。对文章有过预习且对文本阅读细致的学生，提出的问题的质量要明显高于其他学生。预习过的同学会关注那些隐藏的更深的内容，例如，关于老人到底是"累"还是"不累"的提问，不但抓住了主要人物，还抓住了文章的矛盾之处。

再次，从问题的数量上看，最多时学生提出了八个问题，而最少时也提出了六个问题。这说明并不是学生不会提问，而是上课时根本没有给他们提问题的时间，也没有教他们提问的方法。如果有这两个方面的保证，学生是会提问题的。

在时间分配上，如果学生在课前做了充足的预习，那么在课上学生提炼信息之后，只要有两三分钟的思考时间，他们便会发现问题；如果课前没有预习，那么需要的时间可能相对会长且会影响提问的质量。我的做法是，要给足学生五分钟以上的思考时间，如果不考虑时间问题的话，可以再多一些。

在提问方法的指导上，可以让学生关注文章中的反常之处和不合情理的地方。这既是学习指令也是阅读指导，教师解读文本要抓反常和矛盾之处，学生解读文本一样也可以从这些地方下手。这种提问的方法，不但会让学生从表面的阅读走向深刻的思考，也会生发出许多出乎教师意料的问题。所以，教师一旦放手发动学生提问，就要做好深刻细致的解读，否则会对学生的问题招架不住。

虽然说，这些问题最终需要学生自己去解决，但教师要在这个过程中发挥整合、引导、穿插、提升的作用。有了教师的运筹帷幄，学生才能决胜千里。只有培养强大的学生，才能提升自己的专业素养。

三、利用信息解决问题

提炼了信息，也提出了问题，接下来就要用所提炼的信息解决提出的各种问题了。解决问题是对原有信息进行补充和重组的过程。学生通过对信息的匹配和联结重新审视文本，提升自己的认知。

1. 对问题进行必要的分类和整合

上文提到了在这样的教学方式下，问题的提出者应该是学生而不是老师。当学生不断地走进文本与文本对话，与作者对话的时候，他们就会发现问题。而这些问题正是最宝贵的教学资源，作为教师要善于利用这些问题，为学生真正的学习服务。

当学生不断提出问题的时候，老师应该先把问题记录在黑板上，以一种全然接纳的态度面对学生提出的问题，这样学生就不会惧怕提问。待问题收集完毕后，要对其进行分类和汇总处理。一般情况下可以有三种分类方法：（1）按内容分类，相同的内容分为一类；（2）按对象分类，指向同一对象的问题可以归为一类；（3）按关键词分类，同一词语反复出现的问题可以归为一类。分类汇总的过程就像数学中的合并同类项，把问题分类整合，化繁为简，有助于学生有的放矢地寻找解决问题的途径和信息。

学生自己提出的问题，代表了学生的兴趣和真实的困难。在进行分类、整合的过程中，教师也要帮助学生识别哪些问题是高质量的问题，而哪些问题超出了文章内容。这样，学生会慢慢了解高质量的问题是如何提出来的，避免跑题的问题。

2. 教师要引导学生将问题与信息进行联结

信息往往是点状的、分散的，要通过问题将这些信息串联起来，形成有效的证据链。这不但考验学生对文本的整体把握能力，而且可以有意识地培养学生全面完整地看待问题的能力。学生解决问题的习惯往往是"有一说一"，不会把信息串联起来。

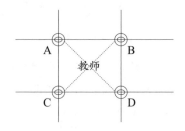

教师串联信息图

在利用信息解决问题时,教师可以充当串联者。如上图所示,假设学生找到了四个信息点,那么教师的任务就是让学生将这些信息串联在一起形成新的理解。虽然学生能通过寻找和分析一些基本的信息,实现 A 到 B 的过渡,但是要做到从 A 到 D 的理解,就需要教师的引导和点拨了。就好比这篇文章,学生可以从老人所说的两个"不累"和"豁达开朗的笑声"中推断出老人性格开朗,热爱劳动,但要想理解老人对待工作和生活所表现出来的乐观豁达的态度,就需要教师的引导。至于引导的路径,教师可以选择通过提示的方式先让学生达到从 A 到 B 的认识,再完成从 B 到 D 的提升。具体到这篇文章,为了让学生理解老人对待工作和生活的态度,教师可以提示学生关注作者对游客登山和老人扫山二者的对比描写,再结合老人说"扫一程,歇一程,再把好山好水看一程"这话时的悠闲姿态,分析老人有如此表现的根本原因是什么。此外,教师还可以通过对话的形式,引导学生关注老人的反常之举,如游客气喘吁吁,老人却闲庭信步;都已经 70 岁了(过了退休的年纪)却还没退休;明明是很累的工作,老人却偏偏说"不累,不累"……这些反常之处隐藏了作者的真正意图,能够引导学生关注这些反常,就给学生开启了一扇通往作者内心深处的大门。

当然,理想的联结状态应该是学生之间串联彼此的回答,使每一个同学都能在前者回答的基础上不断地提升、完善,教师更多的是充当倾听者、记录者,同时也是学习者。教师可以同学生一起研究、探讨,力争做到默契配合,无缝衔接。

3. 组织基于学生独立思考的协同学习

如果学生由于能力有限而无法独立完成学习任务，此时可以让两人或四人一组，进行协同学习。在攻坚克难之时，团队协作就十分必要了。协同合作学习，但并不是所有的问题都需要团队共同解决，也不是看到难题就马上讨论解决，更不是大家一起讨论问题就一定能够解决问题。这里所说的协同合作学习，是指协同个体在合作之前或者之后都要有自己独立的思考，它是建立在独立学习基础上的协同合作。也就是说面对一个难题，合作者要先独立思考（无论有无想法和答案），然后与他人交流、合作，在与他人交流之后还要独自再对所探讨之内容进行进一步的整理和分析。把别人说的有用的信息记录下来，与自己的想法结合起来，可以有新的生成，也可以是信息的整合与叠加。在这个过程中，要培养学生的批判思维，鼓励他们不要做传声筒和刻录机，要有自己的主见和想法，要学会分享自己的感悟和体会，不能人云亦云、随波逐流。要让学生在合作中发现自我、实现自我，提升自我。

再回到这篇文章，对于老人"累"与"不累"的讨论，就需要协同完成，凭一己之力是很难考虑周全的。那么，在讨论之前，就要要求学生先纵观全文，结合已有的信息和认知，对文本进行进一步细致地解读，争取发现和形成自己的新见解。然后再给足时间，让学生分组讨论，按一定的顺序发表自己的想法、见解。一般来说，研讨之时要有一定的要求和约定。例如，不得打断他人；可以有反对意见但一定要有依据；每个成员都要贡献自己的智慧，不能全都依赖他人；成员间是平等互助的关系，没有上下级的区别；等等。这些都是团队合作的前提和保障。

从信息的提取，到问题的提出，再到用提取的信息解决问题，这是一条龙的逻辑"程序"。前一个环节是为下一个环节作铺垫，而最终的目的是教会学生如何通过自己的手和脑来阅读、分析文章，通过协同合作来解决难题。教学不但要把课堂还给学生，更要把思考的方法教给学生，要还就要还得彻底，要变就要变得通透。

小说视域下的文本解读与教学建议
——以《桃花源记》的教学为例

《桃花源记》是部编版语文教材八年级下册第三单元的第一篇文章，主要讲述了一个渔人误入桃花源，造访桃花源，以及探寻桃花源的故事。文章总共 321 个字，字字珠玑、文质兼美。自入选教材以来，一直受到广大一线教师的青睐。但由于受到题目中"记"字的影响，老师们多是将之视为游记一类的散文，多数教学处理与《小石潭记》相似，按照游踪来讲解课文。我以为以《桃花源记》来讲"记"或者"游记"这类文体都不合适，因为这篇文章不属于"记"。

一、小说之辨

作为一篇传世之作，千百年来，人们不仅为文中的桃花源而着迷不已，也一直为这篇文章到底是记实还是记虚（体裁）而争论不休。最早为《桃花源记》作出注解的是唐朝的李善，他认为这是一篇记实的文章。[1] 也就是说历史上确实有桃花源这个地方，陶渊明借渔人之口记录了这个地方。但是在唐朝诗人们的眼中，《桃花源记》却是虚幻的。如王维的《桃源行》诗曰："春来遍是桃花水，不辨仙源何处寻。"刘禹锡的《桃源行》诗曰："俗人毛骨惊仙子，争来致词何至此。"鲁迅认为这篇文章是"幻设为文"[2]，虽然他

---

[1] 赵振兴.《〈桃花源〉又一新说》质疑与考辨 [J]. 中国文学研究, 1993（4）.
[2] 鲁迅. 中国小说史略 [M]. 太原：山西古籍出版社, 2001.

承认这篇文章是虚构的,但却不认为这是一篇小说,而是"寓言为本,文词为末"的散文。近代学者胡怀琛在《后十年笔记》中写道:"陶渊明之《桃花源记》久已传诵人口,此文即今日之小说也。论其用意,恰如今日之寓言小说;论其结构,恰如今日之短篇小说;盖陶渊明借此以写理想之社会也。"杨秋荣认为《桃花源记》是魏晋时期最伟大的玄怪小说①,至于"玄怪"之说,我们不在本文中赘述。华东师范大学的龚斌教授在《〈桃花源记〉新论》中提到:《桃花源记》属于志怪小说,已经成为许多研究者的共识②。

由此可见,《桃花源记》是一篇小说的事实,基本得到了学界的认可。我也同意这是一篇小说,但却不同意它是"志怪小说"和"玄怪小说",愚以为《桃花源记》应该是一篇"志人小说"。

二、基于小说的文本解读

一直以来学界争论的焦点都在于故事的真实与否上,教学上的处理也基本是围绕着文章结构和思想内涵。但是当我们一旦认可了这篇文章是小说,那么故事的真实与否就不重要了。教学上围绕着对文章结构、环境描写以及故事情节的分析,得出作者思想内涵的这一处理方式,在逻辑上很难让人信服。桃花源是美的,说明作者的向往之情,这是从人之常情上推测的,而非就文章本身论证的;无论是从渔人的"不复得路",还是从刘子骥的"未果,寻病终",得出本文抒发了作者的无奈之情这一结论,都是缺少必要的逻辑支持的。

解开作者思想情感的密码就在渔人身上,这个曾不被重视的人物,其实是这篇小说中至关重要的角色。他身上的秘密和问题,不比桃花源本身留给我们的迷惑少。只是教学上一直把重点放在文章的结构和内涵上,而学界一直把争议放在故事的虚实上,而忽略了这个重要人物。我之所以认为这是一

---

① 龚斌.《桃花源记》新论[J].江西师范大学学报(哲学社会科学版),2013(3).
② 杨秋荣.《桃花源记》:魏晋时期最伟大的玄怪小说[J].北京教育学院学报,2011(2).

篇"志人小说",也是从渔人身上断定的。他是一个实实在在的人(虽然可能是作者虚构的),较之于分析实实在在的渔人而言,把所有的精力都放在虚幻的桃花源上,企图通过这个理想中的地方去探寻陶渊明的思想的做法,是空对空的臆测。

1. 渔人形象的丰富性

文章开篇就交代了以捕鱼为业的武陵人,后称渔人。他的职业是打鱼,所以才会"缘溪行"。一个"忘"字写出了渔人工作的状态,他很专注以至于不记得船行了多远。由此可见,他是一个努力劳作之人,因为那是他维系生活的根本。接下来矛盾出现了,一个专注于打鱼的人怎么会发现桃花林的呢?这里可以看出,桃花林的不俗——"夹岸数百步,中无杂树,芳草鲜美,落英缤纷",在荒郊野外能有"夹岸数百步"的桃林,且"中无杂树",绝非野生必是人为;此外还能证明渔人是一个好奇心极强的人,以至于看到这样奇美的景象连自己的工作都忘了,所以才有了"欲穷其林"的想法。接下来,渔人进入桃花源,看到了美丽的景象和宁静祥和的生活场景,并且得到了桃花源中人热情的款待。当桃花源中人问他"今是何世"的时候,渔人的回答被省略了,只一句"此人一一为具言所闻"。这句话中我们可以看到,渔人也并非两耳不闻窗外事的。从桃花源中人"皆叹惋"的反应来看,他们是为朝代的更替、战乱频繁的事实而感叹惋惜,从这个侧面描写,可以看出渔人也是关心时事的,可能身受战争之害也未可知。这一点可以从"余人各复延至其家,皆出酒食"的优待中窥见一斑,桃花源里的人同情他的遭遇才会如此。

照理来说,渔人受到了款待,如果他希望过上与桃花源中人一样的生活,大可以留下不必离开。在他离开桃花源并一路"处处志之"的时候,他就已经打定主意要再回桃花源,从中可见他的"心机"。桃花源中人已经说明"不足为外人道也",但他却径直"诣太守,说如此",他为什么要背负背信弃义的罪名?是为名是为利?还是另有隐情呢?

2. 渔人与作者的关联

其实,渔人是有救世的想法的。他想让百姓也过上桃花源里安居乐业的生活,所以才会"诣太守,说如此"。他违背了桃花源中人"不足为外人道也"的叮嘱,并且仅在桃花源中"停数日"而不是定居,目的只有一个——想让更多的人能够过上幸福的生活。但这样的愿望并未实现,并不是因为他背信弃义,而是作者有意为之。试想一下,渔人背后的人是谁?是作者陶渊明。既然是"幻设为文",故事本身就是虚构的,那么作者为什么不让渔人找到桃花源,而是求之不得呢?显然,这是时代背景所致,作者安排渔人找不到桃花源、刘子骥还没开始找就病终的目的,不仅是要给桃花源蒙上一层神秘的面纱,更是要表达自己内心真实的情感——这样的地方在当时的社会中是根本不存在的,理想中的仙境和现实中的乱世是不可并存的。作者借渔人求之不得的结果,是想说明自己也是求之不得,无法置身事外。

推之至陶渊明,他何尝不是有治世、救世之意愿。北京大学哲学系的朱良志教授认为:"陶渊明生命哲学的要旨不在'隐',而在敞亮。历史上,渊明被视为一位隐逸诗人,读其诗文,常使人感到,他一生都在做遁逃的功课,从官场、从世俗中超拔而出,逃到一个理想世界去,他的东篱下、蓬庐旁,是一个绝俗的世界;他的桃花源,就是一个想象中的乌托邦。这样理解,是对渊明思想绝大的误解。"[①]我也认同朱教授的说法,所以他才会两度出世,但却要为五斗米而折腰,所以才有了避世的想法。"采菊东篱下,悠然见南山"是他所追求的"乘化"境界,但这种境界却是对"结庐在人境"的现实处境的自我释怀。其实他的要求并不高,不过是想过太平日子罢了。就像别有洞天的桃花源中的人们所过的生活一样:"土地平旷,屋舍俨然,有良田、美池、桑竹之属。阡陌交通,鸡犬相闻。其中往来种作,男女衣着,悉如外人。黄发垂髫,并怡然自乐。"

桃花源中的生活,之所以被世人向往,并不是因为他们过得是酒池肉林、富贵极乐的生活,恰恰是最基本的农耕生活。在农耕社会中,有"良田、美池、桑竹之属"即是理想的生活。但是这样简单的生活希望在当时就是奢望,是理想社会了。所以作者才会在文中留下了"男女衣着,悉如外

---

① 朱良志.陶渊明的"存在"之思[J].北京大学学报(哲学社会科学版),2018(5).

人"的"破绽",因为这就是他想要过的生活,桃花源中人可以和外人有着一样的衣着,但是桃花源外的人却没有"良田、美池、桑竹",没有"鸡犬相闻",更没有"黄发垂髫,并怡然自乐"的惬意生活。而后"遂迷,不复得路"是理想与现实纠结在一起时的无奈与痛苦的表现。无论是渔人,还是太守,乃至刘子骥都不可能找到桃花源。它只存在于作者的理想之中,是陶渊明精神的栖居地。

3. 写渔人的用意

(1) 写渔人的职业是虚笔,实则为引出桃花林。作者在写渔人误入桃花源后与此中人交流的时候,有意回避了社会现实的描述。写他误入桃花源又是为了与下文中太守遣人随其往而"遂迷,不复得路"形成对比。意在突出桃花源不寻自出,寻而不见的事实,使情节扑朔迷离,增添了桃花源的神秘之感。

(2) 作为线索贯穿故事始末。渔人与桃花源的故事应该是从发现桃花林开始,至"不复得路"结束。文章以渔人发现—进入—造访—离开—复寻桃花源为情节。作者通过渔人之眼看桃花源——桃花源是美的;通过渔人之耳听桃花源中的事——此中人是避难而来,想过太平日子的;同时也通过渔人之口含蓄地回避了一些现实的状况——"一一为具言所闻"。作者这样安排不仅是因为写外面的情况与文章基调格格不入,还因为外面的情况是不需要言明的,当时的每个读者都是亲历者,同时也是作者明哲保身的做法——不批评时政。

(3) 渔人的代表性。渔人、太守、刘子骥分别代表了三个不同的阶级,渔人生活在社会的最底层,他是乱世的直接受害者,所以他希望能过上桃花源里人的生活。太守虽然身居高位,但朝代更迭之快让他也有朝不保夕的忧虑,他也希望能够找到桃花源。刘子骥是高尚之士"好游山泽",他对桃花源的向往就不言而喻了。这三类人涵盖了社会的各个阶层,桃花源虽是虚幻的,但却代表了那个时期人们共同的心愿。

基于以上分析,可以明确的是渔人绝不只是桃花源的见证者,也不仅是《桃花源记》的线索,在他身上还隐含着作者要传递给读者的大量信息。以渔人为切入口，辩证地解读他的形象，分析其在文章中存在的价值和作者写作的用意，并不是为了标新立异，而是基于对文本小说体裁的界定。既然是小说，那么渔人就是做文本解读时跳不过去的"人物"，渔人是读者了解桃花源外部环境和风土人情的媒介，也是重新认识陶渊明思想的载体和桥梁。

三、基于文本解读的教学建议

在进行教学处理时有必要认清两个事实：一是这是一篇小说；二是这是一篇文言小说。那么在进行教学设计时就应该遵循体裁的特点，按照这个思路，根据文本的特质，先确定小说教什么，然后再结合"文言、文章和文化"三位一体的教学理念加以整合。另外，高品质的教学设计应该是以学生为核心，能触发学生对问题的思考，培养其自主学习、合作探究的学习品质，并在学习的过程中强化对语文素养的渗透和提升。基于这样的认识，教学设计可以围绕以下几个问题展开：

（1）渔人的形象及其在文章当中的作用。学习小说无法回避人物形象的问题，但在分析人物形象之时要将其与情节的发展和作者的思想内涵联系起来。这个问题是一个带有挑战性的核心问题，对于学生来说可能会感到困难，所以可以分两步走：先分析渔人的形象，然后再分析这样的形象与情节的发展和作者要表达的思想内涵之间的关系。

（2）"文""言"结合，分析"文"要从"言"入手。讲解时可以抓住："忘""美""要""叹""即"和"欣然"这些词语。明确"忘"字写出了人物之状；"美"字反映环境之美；"要"字体现人情质朴；"叹"字反衬现实之恶；"即"和"欣然"突出向往之情。这些词语贯穿文章始末，与故事情节紧密相连、环环相扣。同时这些词语也是分析渔人形象，探索作者思想内涵的关键性词语。

（3）渗透时代文化。魏晋时期隐逸之风盛行，这是世人共知的。值得一提的是，这篇文章中不只是太守和刘子骥有这样的想法，就连渔人也有这样的意愿。讲解文章时，可以将当时的时代背景与文章内容相互佐证。从文章的描述中去了解当时的隐逸之风，从当时的时代背景中又可以了解为什么这些人都迫不及待地想要寻找桃花源。

（4）培养质疑探究意识。讲课时大可不必告知学生这篇文章的体裁，可以让学生结合资料自己探究。也可以质疑文章中存在矛盾的地方，例如："男女衣着，悉如外人"与后文的"自云先世避秦时乱……遂与外人间隔"是存在矛盾的，既然与世隔绝且过了几百年，怎么会"男女衣着，悉如外人"呢？再例如：作者为什么要在"便要还家，设酒杀鸡作食"之后，还要写"余人各复延至其家，皆出酒食"，难道只是为了突显桃花源中人的热情好客吗？文中的两处，随便写一处就能突出他们的热情好客，没必要重复出现。这些问题都很值得探讨，无论是课上还是课后都可以让学生尝试分析。

前三个建议是从教师的角度出发，最后一个建议是从学生的角度出发，教的目的是为了不教，或者说让学生更好地学。所以在进行教学设计时，教师一定要本着"讲点学生不知道的东西"的思想，用问题撬动学生的思考，用对话引导学生的交流，用耐心倾听学生的心声。这样学习才会真实地发生，这样的学习才是真正地教学生学。

自从《桃花源记》问世以来，对它的争议就从未停止，作注解的不同诗人之间存在矛盾；研究历史的和研究哲学的学者间也存在争论；后世的学者同前世的大家亦存在争议。正是有了这些不同的声音才使得我们对《桃花源记》的由来、体裁、思想越来越了解，这就是争论的意义。但是这种声音却很少出现在教学界，这一点让我很是费解。我不希望成为知识的搬运工，所以写了这篇文章，也希望能向平静的河中投一颗小石子，激起读者内心的涟漪。

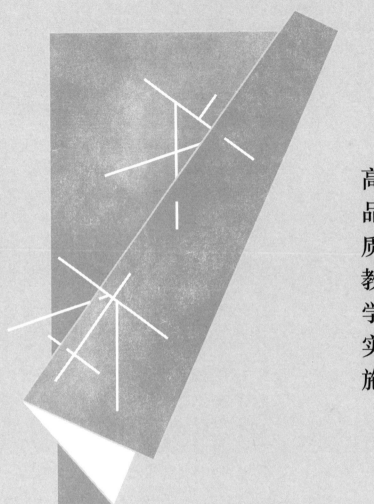

辑二 上课：文本解读与高品质教学实施

语言建构是学习语文的基石
——以《背影》的教学为例

从教十几年来有一些问题一直困扰着我：例如，学生的阅读量很大，但为什么就不能转换为写作能力呢？又如，习题量也不在少数，可为什么还是无法提高学生的语言表达能力呢？更让我为之困扰的是，那些认认真真听课记笔记的同学为什么在考试的时候常常不尽如人意呢？读书多不等于写作好，做题多不等于语言表达能力强，听课认真不意味着语文成绩优异，当这些问题出现的时候，教师会深深地自责，会反思自己的教学能力差；同样对于学生而言，他也会产生一种懈怠心理，怎么学都学不好索性就不学了吧。现在语文教学面临的巨大的挑战是，如何让学生通过语文学习真正地获得学习语文的能力。在对这些问题一无所知且束手无策的时候，老师们就把原因都归结在学生身上。学生学习语文主要的问题是，会记录但少思考，能表达却无条理。当大量地"读"、大量地"做"、大量地"记"，都无法实现最基本的语文学习目的——思考和表达之时，我们就不得不重新看待语文教学的问题了。

增加阅读量的目的并不只是为了提高写作能力，因此，简单地通过阅读"量"的累加来实现写作的"质"的飞跃的逻辑是站不住脚的。同理，希望通过做题训练学生的语言表达能力的教学策略也必定会失败。其实这些问题归根到底是忽略了语文的学科本质——"语文课程是一门学习语言文字运用的综合性、实践性课程"。"语言文字运用"的前提是语言的"建构"。建构主义认为，学生在进入课堂之时并非是一张白纸，也就是说，他们（初中生)进入课堂的时候是会说会写的,但在实践的过程中,我们发现学生已有的语言文字的运用能力是不系统的、不科学的,更是不够灵活的。在这种情况下,教师还一味地让学生用千疮百孔的语言"输出"(包括口头表达和书面表达),其实就像一座没有基石的大厦,随时可能会被现实的"风"吹得东倒西歪。那么该如何在教学中指导学生建构自己的语言表达体系呢?接下来我就以《背影》的教学为例,谈谈我在实际操作中摸索出的一点想法和做法。

一、"对话"阅读

"对话"的理想状态是通过各种手段,让学生学会如何与作者进行高品质的对话。但要达到这个目的也不容易,毕竟大作家的文章不像中学生作文,语言背后隐藏了太多作家不愿意与人分享的秘密。刘亮程说:"作家应该为那些高贵的心灵写作,为那些可遇而不可求的眼睛写作,我把它理解为自言自语。"[①]作家用语言文字把自己的思想、感情包裹起来,因此读者无法直接与作家对话,只有通过"语言文字"这座桥梁才能尝试与作家对话。

既然是"对话",那就是说作者和读者双方都要有发言权。如果读者只是一味地"听"作者在说什么,那么你可能永远都无法理解作者想说什么。作家在写作的时候是"自言自语",那么读者在读文章的时候当然也可以"自言自语"。当你还没做好与作者"对话"的准备的时候,最好的办法就是先与自己对话,阅读时要多问几个"为什么"。诸如,为什么作者要这样写,而不是那样写?为什么作者要用这个词而不是那个词?为什么作者要表达这种情感而不是那种情感?等等。

具体到《背影》这篇课文的教学,我摒弃了抓"背影"与"流泪"之间的关系的教学思路。而是让学生们在阅读之后,提出自己的问题。虽然"提出问题"与"概括段意"同样都是阅读文本的手段,但二者还是有高下之分的。"概括段意(内容)"是在已知的基础上对文本内容进行提炼,而"提出

---

① 刘亮程.文学:一个人的自言自语——对话作家刘亮程[J].语文学习,2019(2).

问题"则是向未知领域进行探索。前者是从文本内部往外走,后者则是从文本外部往里走。往外走的结果自然是离作者越来越远,只有不断地向文本深处漫溯才有可能体悟到被作者隐藏起来的思想和感情。

回到《背影》的教学中,学生一上来就提了整整一黑板的问题:

(1)祖母去世父亲应该非常伤心,但他却安慰我"天无绝人之路",这是为什么?

(2)在信中父亲前面写道"我身体平安",可后来又说"大约大去之期不远矣",这不是自相矛盾吗?父亲这样说的目的是什么?作者只节选了信的这段话又有什么目的?

(3)"我赶紧拭干眼泪,怕父亲看见,也怕别人看见。""怕父亲看见"是不想让父亲难过,可为什么要怕"别人看见"呢?

(4)从作者的描写中我们可以看出,父亲在买橘子时的确很吃力,可他为什么还要坚持自己去买橘子呢?

(5)买完橘子回来,父亲的表现是"很轻松似的",这里的"似的"到底是轻松还是不轻松呢?

(6)已经说好不送了,且有熟识的茶房陪同,可为什么父亲还是不放心要亲自送"我"?

(7)父亲这么关心"我",可"我"却在心里暗笑他的迂。这个"迂"与父亲的形象有什么关系?

(8)父亲在离别时所说的几句话有什么作用?儿子送别父亲时,为什么与前文的"爸爸你走吧"截然不同,直到他的背影混入来来往往的人群里再也找不到了,才回去坐下……

(9)文章结尾说"唉,我不知何时再能与他相见!""我"为什么就不能与父亲相见呢?

(10)文章开头说"我与父亲不相见已二年余了,我最不能忘记的是他的背影",为什么作者不能忘记父亲的背影,而不是面容或者声音?

每个问题背后都代表着学生对文本的思考,当然由于各种原因,每个人对文本的理解也是不一样的。教学的目的并不在于让所有人都达到一定或者相同的高度,而是能在自己原有理解的基础上,一点点地建构起自己的语言体系。孔子云:"譬如为山,未成一篑,止,吾止也;譬如平地,虽覆一篑,进,吾往也。"学习就是堆山的过程,要一步一步循序渐进。

"提问"是培养高明读者的好办法,学习的发生有两种途径:一种是被动地听老师讲,将老师所讲的内容记录下来,并在实际的运用中试图将知识转化为技能;另一种是自己主动地探求,通过不断地追问与文本对话,使自己已有知识与未知知识发生碰撞,进而产生新的认识和理解。当然,也不排除学生所提出的问题无法得到完美解决的情况,这时候就需要借助辅助工具和手段了。前者将知识转换为技能的过程是:听讲—记录;后者则是:提问—碰撞—判断—创新。通过对比这两种获取知识的途径,不难发现前者缺少的是"思考"的过程,学生在听讲过程中是以接受的态度被动地获取新知。也正是少了"思考"这个环节,所以大多数学生接受的仍然是教师的语言体系,一旦脱离了该体系适用的语言环境,那么学生就无法应变自如,也就无法建构自己的语言体系。按照布鲁姆的教育目标理论进行分类,前者处于初级认知阶段,后者才处于高级认知阶段。

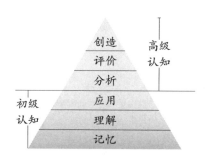

布鲁姆教育目标分类图

其实,作者与读者间的对话,可以理解为读者通过自己的理解反作用于作者(作品)的过程,这个过程还必须受作者(作品)的限制,这就是"平衡"。能处理好这种平衡的关系,作为读者即可理解作者,作为作者亦可寻到伯乐。

学生与老师之间的对话,应该详略得当,该多说时多说,该少说时少说,不该说时不说。即便想说,若对文章的理解没有意义也不说,但是若到该说之时双方都不该推诿,再难也要说。这就是"对话"的"取舍之道"。

二、文本解读

作品一旦完成,就不再是孤立的了,而是默默地等待读者来阅读了。读者与文本是双向成长的关系,当读者从文本中获得了成长之时,其实也是对文本意义的丰富之时。但在教学过程中,学生作为一个独立的读者,却很少有机会根据自己的理解对文本进行分析。大多数情况下,学生都依赖于教师的理解,即他们对文本的理解是建立在教师的解读的基础上。在这样的解读和学习的过程中,学生所做的不过是根据教师的指令或者问题,在文章中寻找一些信息,解决教师的问题罢了。

就好比在教《背影》的过程中,老师提问学生:"这篇文章一共写了几次背影和几次流泪?它们之间有什么关系?"第一个问题在严格意义上来说算不得语文学习的问题,只要读过文章会数数的同学都能答得出来。而第二个问题虽然需要理解,但这种理解早已被老师预设好。例如,对父子分别之时"我"的流泪,那一定是"惜别的泪""不舍的泪"。如果学生回答的是"牵挂""担忧"或者别的什么,那老师一定会让你坐下再好好想想。用这样的问题建立的"问题链"看似逻辑严谨,其实这种逻辑只是从"教"的角度而言。学生完全被老师牵着鼻子跑,老师的问题,对有些学生来说可能是模糊的甚至是混乱的。他们在跟随老师的步伐的过程中,失去了独立思考的时间和空间。所以说,以教师的理解代替学生的理解,所得到的无非是教师视角下的"二手信息"。在这样的情况下学生是很难产生自己的理解的,更不要提建构自己的语言体系了。

有些人认为以学生的能力去读一篇文章是不太可能的事,学生是无法独立对文本进行解读的。如果学生真能独立解读文本,那么老师也就要"下岗"了。这样的想法不但错误,而且还否定了学生的能力。韩愈说,"弟子不必不如师,师不必贤于弟子"。

让学生自己解读文本,好比让他自己去旅游,如果只是一味听别人说那里多好,即便能够在脑海中想象出一个情景,但终归不是真实的感受。这个时候他对那个地方是不具备自己的判断的,只有亲临其境方能有一番体味,这就是体验的魅力。让学生解读文本,没有固定的标准,或者统一的要求。对中学生来说,能有自己的感受和想法就已经很不容易了。譬如登山,体力好的可以登至山顶"一览众山小",体力不好的走到一半也可以"横看成岭侧成峰"。当然让学生自己解读文本,老师还要给予一定的指导,教给他们一些解读的方法。

学生的解读,不需要全面透彻,他们能比自己以前的理解深入一些就是成功的,进步就是创新。比如《背影》,初读几遍文章后,你能感受到父爱,就算初步了解文本了。经过解读方法的指导,使学生对父爱有更深刻的认识,这就算进步了。这不是教师的直接灌输,而是通过方法指导让学生自己处理问题的结果。那么如何才能让学生通过解读的方法,对父爱的理解更进一步呢?

1. 抓反常

什么是"反常"?简单地说就是违反常识常理的情况。陆机的《文赋》就有"沿波讨源"之说,依我之见这里的"波"就包含"反常"的意思。孙绍振教授在他的《名作细读——微观分析个案研究》中也反复提及这种解读方法。它简单易懂,容易操作。

上文学生提出的问题中就有"反常"的情况,例如"为什么作者不能忘记父亲的背影,而不是面容或者声音?"一般情况下,我们描写一个人往往是通过相貌,但作者却不按常理出牌,写的是"背影",这就是一处反常。找到反常之处,就是找到了进一步解读文章的突破口。可以以此为"波"讨其"源",文中直接描写父亲背影的句子如下:

我看见他戴着黑布小帽,穿着黑布大马褂,深青布棉袍,蹒跚地走到铁道边，慢慢探身下去，尚不大难。可是他穿过铁道，要爬上那边月台，就不容易了。他用两手攀着上面，两脚再向上缩；他肥胖的身子向左微倾，显出努力的样子。

  一直以来这段文字被公认为全文的教学重点，那么我们该如何教学生理解它呢？我认为应该从"信息的捕捉"和"信息的提炼"入手。对解读者来说，选择什么样的信息就会有什么样的理解。假如捕捉到的是"蹒跚"和"肥胖"这两个词，那么可以根据这两个词展开进一步地理解分析。"蹒跚"在课文中的注释为"腿脚不灵便，走路缓慢、摇摆的样子"，从这个词中我们可以读出的是父亲的年迈以及后文提到的"肥胖"，这两种情况都会导致"蹒跚"。这两个词不但彼此相关，还可以与"不容易"连在一起理解。对于一个走路蹒跚的老人来说，穿过铁道是一件不太容易的事（轨道下面铺满了凌乱的基石）。同样对于一个腿脚不灵便且肥胖的老人来说，要爬上高高的月台就更不容易了。这样的理解有助于让学生用"慢镜头"去品味父亲过铁路这段描写，在这样的分析基础上再去联系"我"流泪的行为，就容易理解了。

  如果捕捉到的是"黑布小帽、黑布大马褂、深青布棉袍"这些衣着的信息，那就可以借此与文中的"丧事"以及"我"的"紫毛大衣"和"皮大衣"联系起来。引出"丧事"是将"背影"放在一个特殊的背景之下，在这样的背景下去体会"我"眼中父亲的"背影"，再去理解"流泪"就容易了。而对于"紫毛大衣"和"皮大衣"的分析，与父亲衣着进行对比，就能够体现出父亲对"我"的格外关爱了。前文中已经提到过"家境惨淡"，而父亲却还在为我破费，足见其对"我"的重视程度。显然，通过对以上两处信息的把握，我们再去理解"我"的泪中所包含的情感，肯定是别有一番滋味在心头了。

  这里我还是要分析一下"背影"是如何带给人震撼的。首先，"背影"具有一定的艺术张力。作者通过白描的形式将父亲过铁道、爬月台的过程极细腻地再现于读者面前。展现在读者面前的"背影"是"显现"的，当作者越是细腻地刻画过铁道时父亲背影的颓唐与苍老,越是动情地描绘爬月台时父亲的吃力与艰难,就越能引发读者情感上的共鸣。而父亲对儿子的浓浓的父爱就是"隐藏"于这"显现"的背影之内的,作者越是细致地刻画"显现"的背影,就越能彰显其内在的情感。

其次,"背影"具有一定的哲理内涵。"背影"本身就给人一种距离感,无论远近。这里出现的背影,其实是有一种"渐行渐远"的感觉,说它"远"是相对于文章中父亲在我面前"踌躇"时而言,也是相对于他跟脚夫讲价钱、叮嘱茶房时而言。在父亲与"我"近距离相处时,"我"不但没有体会到父亲的用心良苦——父亲在"犹豫"和"踌躇"时,作者这样写道"其实那年已二十岁,北京已来往过两三次,是没有什么要紧的了",而在父亲与脚夫讲价钱的时候,"我"却觉得他说话不漂亮,父亲嘱咐茶房时,"我"却心里暗笑他的迂。很明显作者在这些描述中有意暗藏了"远"与"近"的关系,当父子二人的距离越来越远之时,他们的心才越来越近。这一推断在后文父子二人的分别以及来信中都能找到依据。

关注信息(语言)—分析理解(语言)—体会情感(意图),这是一个完整的片段解读的过程,这种由外至内的理解过程,也是建构语言的过程。如果学生没有建构起这个逻辑体系,或者是在建构的过程中缺少了某个环节,就会在实际应用中出现思考片面、表达不清的问题。因此,在教学过程中应该让学生逐步操作,教学的着力点应该是让学生体会和感悟,在反常的描写背后及平淡的描写中所蕴含的丰富的情感。文章中像这样的反常之处其实还有很多,每一处都值得细细品味。

2. 抓矛盾

"矛盾"可以是一句话中前后表述的矛盾,也可以是一篇文章中前后文表述上的冲突,这里所说的"矛盾",主要指人物的言行中出现矛盾的现象。抓住这样的"矛盾",对于分析人物的情感和作者的写作意图是很有帮助的,在教学写作中也可以让学生尝试运用这样的手法。有了这个认识,在到文章中去找"矛盾"之处就不难了。上文的问题中也有关于"矛盾"的提问,例如,明明说好不送,且有熟识的茶房陪同,但父亲最终还是亲自送。这个情节中就有矛盾的地方，本已说好不去，与上文父亲有事呼应，另一层意思又与下文"那年我已二十岁，北京已来往过两三次，是没什么要紧的了"有关，父亲也清楚这一点。但父亲最终还是决定亲自送。这就是父亲的行为出现了矛盾。

找到了"矛盾"，其实意味着阅读受到了阻碍，在某种程度上来说，只有在阅读中受到了阻碍，才有进一步走进文本内部的可能性。如果一望便知，一读便懂，不是作者肤浅就是读者肤浅。当然，只找到矛盾是不够的，最终还得把这个矛盾解开。孙绍振教授指出"任何称得上经典的文学作品都隐藏着矛盾，问题是把它还原出来，才能进入具体分析的操作层次"[①]。

孙教授所说的"还原"，是一种文本解读的方法。通过还原作者写作时的情境或者心境来分析文本，接下来我们就用这种办法还原一下上文的这段文字。首先，要让学生把对父亲的行为描写的内容一一圈画出来。先是"父亲因为事忙，本已说定不送我，叫旅馆里一个熟识的茶房陪我同去"，这句话中父亲的行为是非常正常的，自己事忙不能送，叫个茶房陪同。接下来"他再三嘱咐茶房，甚是仔细"这也在情理之中，茶房不会主动考虑你的需求，只能是按照具体的要求执行罢了，所以越是仔细越好。这句话也很正常，因为父亲不能去，所以一定要事事嘱咐，再三叮咛。后面转折出现了，"但他终于不放心，怕茶房不妥帖；颇踌躇了一会"。这里就是"矛盾"的表现了，已经说好了不送且如此细密地安排好了，怎么还是不放心呢？他究竟是不放心茶房不妥帖呢，还是担心二十岁的且来往过北京两三次的"我"无法照顾自己呢？作者没有说明父亲到底为什么要亲自送，只是又写了他的"踌躇"。这时候父亲的心情就渐渐浮现出来了，一边是自己事忙脱不开身，一边又想送儿子，左右为难之后他"终于决定还是自己送我去"。

在逐一找出这些描写之后，就要提出问题了：难道非得亲自送儿子才能体现出父爱吗？换句话说，父亲如果不送就不爱儿子吗？前面父亲的行

---

① 孙绍振.文本分析的七个层次[J].语文建设，2008（3）.

为——请茶房、再三嘱托、甚是仔细，这些都是"父爱"的具体体现。父亲已经做得够好了，以至于他决定要亲自送的时候，作者两三回劝他不必去，说明作者当时是满意的，也感受到了这种父爱。可为什么父亲却要坚持亲自送呢？看看他说的一句"不要紧，他们去不好！"，他们去为什么就不好呢？显然不是因为他们不够妥帖，因为前面已经甚是仔细地嘱咐了。所以，这里所说的"他们去不好！"应该是另有他意。这并不是父亲放心不下我，也不是父亲不信任茶房，而是父亲非常重视这次送别——他必亲自去不可。毕竟这次离别不同以往，它是有着特定的背景的——祖母去世、父亲的差事交卸了、家境惨淡。在这样的背景下的父子分别，就显得格外沉重。还有一个理由可以支持这个推断，如果父亲真的是放心不下"我"，大可自己送"我"去北京，而不是叫茶房陪同。他既然担心"我"去车站会出问题，难道就不担心"我"在车上的安危吗？这些推测，虽是主观行为，但也不无道理。

如果要想进一步解读文本，还需要前后勾连。可以联系后文，父亲已经送我上车安顿好了一切，按理说他可以安心地离开了，可是他偏偏又要亲自去买橘子。这不是"没事找事"吗？难道这也仅仅是关心和爱吗？我们隐约地能感受到，父亲这样的行为背后包含的除了爱还有其他的情感。是不舍还是别的什么情感，光从文字表面是不得而知的。

这时候就该引入资料了，否则学生对父亲的行为是不理解的。通过相关的背景资料，我们可以了解到，父亲的差事并非什么不可抗拒的原因丢失的，而是由于父亲自身的某些不好的行为导致的。所以，在父亲的这些行为中，隐约能够感受到的情感就是"愧疚"，这些都是父亲对"我"的"补偿"。这样再看父亲买完橘子回来后，作者写了一个揣摩父亲情感的短语"心里很轻松似的"。如果父亲的心不沉重，那么怎么会在做完了一系列的事之后，会有轻松之感？这其实是父亲在寻求自我解脱的过程，然而却解脱不得，作者写道"心里很轻松似的"，这个"似的"恰恰写出了父亲此时的内心还是沉重的。这份沉重才是纯粹的父子情深。

对父亲的情感分析，借用了矛盾分析法和还原法，也借助了一些主观推测。解读这段文字不是为了标新立异,而确实是在解读时产生的不解之惑,顺着作者的思路慢慢捋出来的。只有在作品中会抓反常,才能在实际应用中会用反常;同理,只有会分析矛盾,才能在实践(阅读、写作)中解决矛盾、制造矛盾。解读的最终目的还是建构自己的逻辑体系,会分析不是目的,会用分析解决问题才是学习的终极目标。

三、思维训练

最新的《语文课程标准》中明确指出:语文课程应培育学生热爱祖国语文的思想感情,指导学生正确地理解和运用祖国语文,丰富语言的积累,培养语感,发展思维,使他们具有适应实际需要的识字写字能力、阅读能力、写作能力、口语交际能力。虽说如此,但通过摘抄而实现语言积累,通过反复朗读培养语感,通过做题发展思维,以至于培养写字能力、阅读能力、写作能力、口语交际能力的训练,内容上太过重视知识,目的上太过重视成绩,而显得简单粗暴。以阶梯为手段的学习活动过程是与真实的语言实践相脱节的,而以寻求标准答案为目的思维训练也恰恰与训练思维的目的相矛盾。这种训练的力度越大危害也就越大,如何避免题海战术,让学生在写作中不必做困兽之斗呢?我觉得可以在作业布置时,多思考一下如何才能提高学生的思维能力。

1. 思维导图

我不崇洋媚外,但只要对学生、对教学有意义的方法和手段我都愿意尝试。想到的和说出来的是两回事,说出来的和写出来的又是两回事。想让学生将头脑中所想的内容形象地展现出来,可以试试让他们画出来。思维导图可以帮助学生把抽象的内容具象化,帮助他们建构自己的逻辑体系。例如,要将《背影》的脉络理清楚,就可以画一张简单的思维导图,使之一目了然:

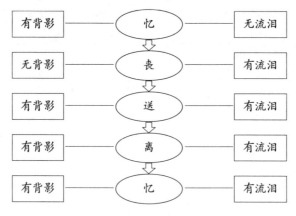

《背影》思维导图

思维导图是一种归纳思维的方法,在归纳的过程中对文本进行梳理。梳理文章结构有助于学生整体掌握文章的写作脉络,如果反复训练学生以思维导图的形式勾勒提纲,丰富写作内容,那么久而久之,学生自然会在头脑中搭建起写作的框架。

相比较简单的分段概括,这种方法其实还可以增加学生的学习乐趣。图形与文字的组合给了学生更多的创作空间,可以加入自己的创意,无论是在形式上还是内容上,都不只有一种答案。就像上面的《背影》思维导图,不过是众多形式和方法中的一种。可以根据事情的发展的顺序制作导图,当然也可以根据人物的情感变化或者其他来绘制导图。

2. 练笔写作

仿写是较为常见的一种训练写作的方法,目的是通过仿写文章获得写作技巧的提升。但在仿写过程中需要考虑一个问题,如果脱离了这篇文章去写学生自己的生活经历,那么在严格意义上来说,这样的仿写意义不大。写作技巧不是学生通过仿写几篇文章能获得的。我觉得既然学完了这篇文章,作业要尽量与这篇文章产生一定的内在联系。在学完《背影》后,我给学生布置的写作作业是——以朱自清的口吻给父亲写一封家书。这样做的理由如下:

首先,经过对文章的深入解读和分析,学生应该对朱自清写作之时的情感以及父子之间的复杂且深切的情感有了比较深入的认识。因为要以朱自清的口吻来写,这对学生而言是极具挑战的,他们既要对父子间的浓浓亲情有所领悟,又要了解"背影"事件的来龙去脉,以及父子间的矛盾冲突等。还有一个难点就是,如何运用贴切的语言在信中传达出儿子对父亲的种种情感。这项作业考查的不仅是学生的写作能力,还有对文本的理解程度以及检索资料的能力。这项作业突破了学生从老师的讲解中获得技能再到实践中去运用的学习模式。

其次,书信作为常用的应用文体,虽然已经渐渐地远离了学生的生活,但是语文学习应该肩负起这个教学责任。加之本单元的主题——两代人的心灵沟通,此后还有一篇课文《给傅聪的一封信》,也是一封书信,所以也为接下来的教学作个铺垫。

从分析作品的语言到建构自己的语言,必须具备提出问题的能力、解读文本的能力以及动笔写作的能力。功利性的教学过度地关注语言的运用而忽略了语言的建构,致使学生无论在口头表达还是书面表达上都出现了严重的问题:想到的说不出来;说出来的又写不出来;甚至有的连想都没想过。我们必须重新认识语文教学的着力点——语言的建构才是学习语文的基石。

收放有节，张弛有度
——以《鸟》的教学为例

一、关于选题和选文的原因说明

我所说的"收"是收束、总结、提炼的意思，"放"是放手、发散的意思，"收"和"放"都指的是上课时教师对问题的处理和拿捏；"张"是紧张、紧凑，有思维碰撞，"弛"是放松、舒缓，有利于深度思考。之所以把这四个字提炼出来，是因为这四个字一直是我对理想课堂教学的追求愿景之一。于是我产生了一个想法，就是按照这样的理想尝试上一节课。也试图通过这节课，提炼出一些有关收与放的方法，张与弛的举措。"有节"和"有度"是说节奏和氛围。这是我写这篇文章的初衷。

曾几何时，我也追求过环环相扣、思维缜密的课堂教学设计，也曾为某个新奇的想法而兴奋不已。在那样的课堂中，我可以在有限的时间内，把我要讲的东西"倾倒"给学生，当然，为了赶时间我也会不自觉地加快上课的节奏。学生回答不上来的问题，基本都由我代劳。多数情况是让学生回答"是不是"与"对不对"这样简单的问题。有时候为了使课堂的逻辑链完整地呈现出来，我会一个接着一个地问，先易后难，拾级而上。

后来，陈静静博士指导我备了一节课，彻底改变了我对教学的认识。那节课叫《百合花开》，是林清玄的一篇哲理散文。开始的时候，我按照常规流程设计了三个层次，八个小问题。给陈博士看的时候，她跟我说"问题太多"。花了好大工夫删掉了三个问题，她的回复还是"问题太多"。我又绞尽脑汁地把问题改成三个，这回她直接跟我说，就要两个问题即可：一个是"百合有哪些美好的品质"，另一个是"为什么百合有这么多美好的品质，蜂蝶鸟雀还有野草都不喜欢她呢"。后来，她跟我说，一堂课如果问题太多，老师就会一直牵着学生走，把学生都控制在自己的"势力范围"内，这其实是极度不自信也是极度不信任的行为。学生没有思考的时间，一直跟着老师的思路走，迎合、附和着老师的话语，成了学习的傀儡。

只有收没有放的课堂，多是一问一答的师生之间的对话，基本看不到生生互动、生生对话，更听不到质疑和提问。学生不仅要听清老师的话，还要听老师的话。老师的话学生不可以质疑，更不能否认，只要听话就对了，但学生的话老师可以随意打断和否认。在只有张没有弛的课堂里学生是不安的，他们一直在思考老师"想要的答案"，而不是他们自己真正有疑问和感兴趣的问题。长期的结果就是，学生会很累，课堂也会很无味。学生的大脑一直处于高度的紧张状态，身心处于极度的不安中。文字是视觉信息，要转换成思维符号，这是需要时间的，更需要一个宽松的空间。如何操作，怎么收放才能使学生在原有知识和经验的基础上更进一步，这是我上这堂课的初衷。

二、在课堂中落实自己的教学想法

《鸟》这篇文章是梁实秋先生的一篇散文，意蕴丰富、耐人寻味，很适合学生进行阅读与思考训练。我曾写过《文本解读的三个层级》这篇文章，从不同的解读角度挖掘这篇文章的教学价值，最终确定以"矛盾"和"质疑"作为这节课的主要研究问题，在收与放的过程中，给学生以思考的时间和空间，让他们通过自主学习、合作讨论一步步地解决问题。

我不喜欢那种牵着学生的"鼻子"，步步为营、环环相扣的上课方式。我的课喜欢让学生做"主角"，我当"配角"。很多课堂都是老师提问、学生回答，我的课喜欢发动学生提问，大家一起讨论、研究、解决问题。提问的方式有两种：一种是课前收集问题，在上课时解决问题；另一种是上课直接提出问题，然后再解决。这两种方式我都用过，前者是处在训练提问的初级阶段，老师和学生需要彼此了解。老师想要知道学生已有的知识水平，学生也要明确自己的问题何在以及问题的价值何在。这节课用的是第二种方式，学生现场提问，然后师生共同解决问题。这对老师和学生的要求更高，也更具挑战。

1. 大胆质疑，提出问题

为什么说现场提问对学生和老师的要求更高，更具挑战呢？对于学生来说，首先提问是需要勇气的，其次提问还考验着学生的表达能力。先来看一段学生提问时的课堂实录：

师：给大家五分钟时间阅读课文，然后说说你的困惑、疑问或者你发现的矛盾、反常之处。

（五分钟过后。）

生1：文中第二段说"从前我常见提笼架鸟的人，清早在街上溜达（现在这样有闲的人少了）……"这一段主要写鸟通常被人关在笼子里，第八段也提到了"再令人触目的就是那些偶然一见的困在笼里的小鸟儿了"。这些都是在写把鸟关起来的人，这和第一段"我爱鸟"有没有矛盾？

师：大家有没有听懂这位同学的问题？

生2：他的问题是——第一段与第二段有没有矛盾？

师：第一段只有三个字"我爱鸟"，但第二段和第八段写的却是那些被囚于笼中的鸟，这是否是矛盾的。你要说的是这个意思吗？（注视刚才提问的同学。）

生1：差不多就是这个意思。

从这个片段可以看出，这位同学遇到了问题，但却说不清楚自己的问题是什么。学生的挑战就在这里，不但要有问题还得把自己的问题说出来并让大家都清楚，这是有一定难度的。这时候，也是考验老师的时候，学生已经把"球"抛过来了，你得接住。怎么接？首先，老师必然对文本的"沟壑"

了然于胸，哪里有矛盾，什么是反常都一清二楚。其次，要耐心且专注地倾听，捕捉到学生在表述中的关键语句，再帮助他提炼出言简意赅的问题。赫尔巴特的教学形式阶段理论称这个阶段为"明了"。当一个表象由于自身的力量突出在感官前，兴趣活动对它产生了注意。这时候，教师要通过直观的讲解，让学生获得清晰的表象。

提问环节一共收集了六个问题，分别是：

（1）第一段说"我爱鸟"与第二段和第八段写被囚于笼中之鸟有何关系？

（2）"我爱鸟"是因为鸟给我带来了愉悦，可为什么还要写第六段"鸟并不永久地给人喜悦，有时也给人悲苦"，这是否矛盾？

（3）"我"对鸟的爱与"诗人"对鸟的爱有何不同？

（4）第三段前半部分将鸟鸣比作是"一派和谐的交响乐"，后半部分却说是"哀乐"，这是否矛盾？

（5）第五段写杜鹃的"豪横"与"我爱鸟"的主题是否矛盾？

（6）作者写这篇文章是想表达对鸟的同情还是对人的批判？

让我欣慰的是，这六个问题都问在了点上，要知道能提出这样的问题是不容易的，这是花了很长时间训练和培养的结果。以前学生上课都是不带问题进课堂，习惯了"吃现成"的。所以，想让学生带着问题进课堂，敢于提问，会提好问题，是要有一个过程的。开始训练的时候，可以让学生先把问题写在预习单（本）上，教师在收集问题的同时，要对学生的问题进行点评和点拨。这样既可以做到心中有数，又能帮助学生分清问题的优劣。我从起始年级开始便有意识地训练学生这个技能，经过一年的培养，他们现在提出的问题基本都有针对性。

例如，针对语言的提问，可以抓住频繁出现的词语，提问不同语境下词语的表达作用；针对内容的提问，可以问为什么要写某一处（内容）；针对文题的提问，可以问文题的作用或者意义；针对主旨的提问，可以问文章要表达什么；还有最关键的提问，发现文章中的矛盾或者反常之处。如果教师能深谙提问之道，那么对接下来的梳理、归纳和串联问题环节，就会多几分从容和自信。

第一次"放"的意义在于收集问题的同时，也能了解学生已有学情。在正式进入对文本的分析和理解之前，要知道学生的知识储备，也要了解他们的兴趣点和难点是什么。对于学生而言，要弄清楚自己的困惑和问题到底是什么，心里想的和嘴上说的以及笔下写的很有可能是不一样的，这就需要梳理、需要进一步明晰。如果提问本身都成了问题，那么接下来他要研究什么肯定也是模糊的。老师记录学生的问题，也是师生间建立信任和默契的过程，自己的问题被老师记下来就是被接受和认可的过程。这对学生而言本身就是一个极大的鼓舞，不但找到了自己的困惑，还得到了老师的肯定，一举两得。

2. 归类、整合，收束问题

问题提出来了，不能随便复述一下就进入下一个环节。我们可以把提出问题再到收束问题的过程，看作是一个"爬楼梯"的过程。问题是学习的起点，每收束一次要力求促使学生的认知又提升一个层次。在这个过程中可以运用三种思维技巧——归纳思维、演绎思维和批判思维。接下来，我结合教学实际谈谈如何具体操作。

师：请同学们找找看黑板上的这些问题，有什么共同的地方？

生：（陆陆续续地问答）都写"我爱鸟"。

（老师依次在问题中把关键短语"我爱鸟"圈出来。）

师：（抓住这个关键短语，把1、2、3、5这几个问题归纳到了一起）既然这几个问题都与"我爱鸟"有着密切的关系，那接下来大家就在文中找出依据来说清楚这些内容到底与"我爱鸟"有没有关系，如果有是一种怎样的关系？

师：继续提问，还有哪个词出现的频率也很高？

生："矛盾"。

师：那接下来，大家也可以从"矛盾"入手，看看如何解释第2、4、5题中提到的这些"矛盾"。这些矛盾与"我爱鸟"有关系吗？你能找到依据吗？当然，以上的这些问题最终都会指向一个大问题：作者到底要表达什么？这是核心问题。通过归纳和总结，我们可以清晰地看到，问题大致分为三个方面："我爱鸟"与文章内容的关系，"我爱鸟"与作者所设置的矛盾的关系，以及"我爱鸟"与文章主旨之间的关系。这里老师也有一个问题，其实也是关于"矛盾"的，这篇文章的首尾，大家看看，是否存在矛盾？

生：（齐）开头写"我爱鸟"，结尾却说"不忍心看"，这很矛盾。

师：对的，就是这个矛盾，"我"既然爱鸟，为什么又不忍看呢？

说实话，任何一个老师在面对学生提出的这些很有质量和难度的问题时，都会极力地思考"接下来怎么办"的问题。收的"散"等于没收；收的"乱"还不如不收；收的"浅"又无法促使学生进一步思考，问题成了摆设，讨论成了幌子。所以，这一"收"是见功力的。

归纳思维在这里可以很好地帮助老师整合问题——抓关键词归类，或者把指向一致的问题归类。在上文中，我抓住了两个关键词：一个是"我爱鸟"，另一个是"矛盾"。其实这种处理问题的方式在我的预设之中，只要有出现同一类型的问题，或者是同一关键词的问题，就都可以归为一类。这是简单而有效的一种处理问题的方法，很适合整合问题。它可以帮你在最短的时间内把问题分类，这种方法也可以教给学生，在经过一定的培养之后，他们可以完全独立地思考和解决问题时，这种归类的方法就可以派上用场。

处理问题最关键的环节是要搞清楚问题与问题背后的逻辑关系。上文中提及的两个处理办法，最终都要涉及逻辑关系。作者既然是写"我爱鸟"为什么还要写笼中鸟？为什么要写诗人爱鸟以及杜鹃鸟？这些内容与"我爱鸟"之间到底是什么关系？关于"矛盾"的问题也是如此。这些问题最终都要与主旨联系起来，这就是逻辑关系。

3. 放开讨论，协同学习

问题归类、收束之后，紧接着就要通过协同讨论解决自己比较感兴趣的问题，这个环节主要是看学生的讨论。观察学生的学习过程是件非常有意思也非常有价值的事情。因为当问题的难度已经到达一个人无法独立完成的程度时，合作交流就成了解决问题的一条有效的路径。以下内容是"收"之后学生讨论的片段：

生1：我们解决程老师的问题如何？

生2：同意。

生1：我认为，鸟本身是自由、不愿意被束缚的。

生2：我觉得第一至五段，每段的第一句话，都写的是"我爱鸟"。爱鸟的什么呢？他爱鸟的声音、体形。但第六段我看到的鸟的样子是像一个"垃圾堆上的大群褴褛而臃肿的人"，那这种鸟当然不能让作者欣赏和喜爱。

生1：同意。

生2：还有第八段，寒鸦的鼓噪，还有怪叫……

生1：这都是很凄凉的。

生2：对。

生1：这肯定不能引发"我"的爱鸟的心情。所以，他爱的是鸟的外在的东西。

生2：是的，但我觉得这篇文章的主题不只是"我爱鸟"这么简单。第五段第一句话写"我"爱鸟的声音和体形，这种爱是单纯的，这句话很特殊。第一至四段都是写鸟让"我"喜悦，第六至八段又在写鸟让"我"悲伤。只有第五段很特殊，就写了"杜鹃"。我觉得这是对第一段"我爱鸟"的一种补充。

生1：我又发现一点，第四段写鸟的叫声悦耳动听得就像"交响乐"，但到了第八段，就变成了"怪叫"。为什么？这其间可能是发生了什么事。这是很强烈的对比。

生2：文章对比的地方特别多，我觉得找到一处对比的答案，其他几处也就都解决了。

我们可以对这两位同学的学习过程做个小结：

讨论经历了几个阶段：首先，确定讨论的话题，找到共同感兴趣的问题，才能在讨论中发挥 1+1>2 的作用；其次，两个人围绕着问题互动对话，在对话过程中二人一直紧扣文本，没有借题发挥和纯主观的推测；再次，在讨论的过程中涉及了其他方面的问题涉及了第 4 和第 5 个问题，他们并不是有意地想去解决这两个问题，而是随着讨论的深入不自觉地联系到了这两个问题。

讨论的发起者是生 1，但主要发表者是生 2。两个人的交流非常融洽，认同时会有语言的肯定，发表时又能关注到对方的回答，尤其是生 2，虽然他的理解能力和分析能力很强，但并没有无视生 1。

通过交流，他们解决了自己的一些困惑，对"我爱鸟却又不忍看笼中之鸟"有了一定的见解。尤其是生 2 的回答非常有道理，作者爱鸟的声音和形体，当他看到那只可怜的麻雀时，它的外形无法让作者产生爱意。这样的回答逻辑清晰，且有见地，难能可贵。

促成他们的对话不断走向思维纵深处的原因有这样几个：首先，问题的归纳激发了他们的求知欲望；其次，有充足的时间思考；最后，两个人协同合作，彼此间一问一答，相互补充，思考就是这样一点点发生的。

当然，他们的学习也存在问题。他们的思考还是分散的"点"状，他们还不具备把这些分散的"点"串联起来的能力，当然这也是大多数学生的通病。

4. 先放后收，直指文本核心

我将学习的过程比作是火箭的发射和升空。"放"（抛出问题）就好比火箭点火之时，动力来自学生自身的求知欲和阅读中真实存在的问题；"收"（收束问题）处在第一级火箭燃料用光之时，这时学生只有问题没有方向，教师对问题的归类、整合就是第二级燃料，助推学生的思考和学习；"收放"同时进行，师生共同发力将火箭送入轨道，课堂进入高潮。接下来通过教学实录再现"先放后收"、师生共同发力的过程。

师：请大家针对自己和同组同学讨论的某一问题，发表见解。

生1：我想回答第一个问题，第二段写："十分地'优待'，但是如果想要'抟扶摇而直上'，便要撞头碰壁。"第四段写道："有时候稻田里伫立着一只白鹭，拳着一条腿，缩着颈子；有时候'一行白鹭上青天'，背后还衬着黛青的山色和釉绿的梯田。"这两段文字形成了对比，一个是笼中之鸟，一个是笼外之鸟。作者喜欢的是笼外之鸟，又同情笼中之鸟。

师：你能说说，笼中之鸟和笼外之鸟的区别吗？

生1：一个没有自由，一个有自由。

（师板书，笼中鸟与笼外鸟。接着对应写上，没自由与有自由。）

生2：我回答第三个问题，"我"对鸟的爱与"诗人"对鸟的爱有何不同？诗人对鸟的情感，不过是把鸟当作是一个载体，都是诗人的自我幻想，与鸟本身没有关系。

师：也就是说，作者与诗人对鸟的"爱"是截然不同的，诗人是把鸟当作抒发情感的载体，那么作者对鸟的情感又是怎样的？你能否在文中找到依据？

生2："我爱鸟的声音、鸟的形体，这爱好是很单纯的，我对鸟并不存任何幻想。"

（师板书：作者—诗人，单纯—载体。）

生3：我跟生1的观点基本一致，鸟被关在笼子里，看似"优待"，但自由被限制。还可以联系老师提出的问题，"我"为什么不忍看那些囚于笼中的鸟儿。因为它们很可怜，作者不喜欢这样可怜的鸟。

生4：我补充，作者爱鸟是"单纯"的，爱鸟的形体和声音，自由是鸟的天性，所以，当鸟被关在笼子里时，作者就不忍心看了。

师：大家可以关注"不忍"这个词，想想这个词包含了作者怎样的情感呢？

生4：同情。

师：（在笼中之鸟下面写上同情）大家看看笼中之鸟，它安逸吗？

生：（齐）安逸。

师：但却没什么？

生：（齐）自由。

师：（板书 安逸却没自由）那大家再看看笼外之鸟吧。

生5：自由却不安逸，第六段"有一只小鸟踡踡缩缩地在寒枝的梢头踡立，正在啄食一颗残余的僵冻的果儿，禁不住那料峭的寒风，栽到地上死了，滚成一个雪团！"；还有"忽然看见枝头有一只麻雀，战栗地跳动抖擞着，在啄食一块干枯的叶子。但是我发现那麻雀的羽毛特别的长，而且是蓬松戟张着的，像是披着一件蓑衣，立刻使人联想到那垃圾堆上的大群褴褛而臃肿的人，那形容是一模一样的"。这些都是不安逸的表现。

生6：我觉得，"我爱鸟"与"不忍看"不矛盾，正是由于"我"爱鸟，所以"我"才理解鸟，才能感受那些被关在笼子里的鸟的心情，这一切都源于"我爱鸟"。

师：刚才这位同学认为所有的"我"对鸟的情感，都是来自"我爱鸟"，而这种爱又恰恰是"单纯"的爱。

生7：我认为，诗人爱鸟只是对鸟美的一面进行幻想，而非是鸟真实的"豪横"的一面，杜鹃就是典型的例子。

师：你是要回答第5个问题吧，这个点抓得非常好，在刚才那位同学回答的基础上又前进了一步。

师：做个小结，根据同学们的回答，老师列了一个板书。请看，大致可以把文章的思路整理出来。作者主要写了鸟、人与自己，鸟包括笼中鸟与笼外鸟；人有诗人和那些在垃圾堆上衣衫褴褛的且臃肿的人。那么接下来，大家就可以把问题聚焦到这三者之间的关系上，思考作者写这些内容到底要表达什么。

生8：作者写对笼中鸟的同情，与第六段由鸟而想到的那些人，其实是由对鸟的同情转向了对人的同情，所以，第六段最后一句说，"那孤苦伶仃的麻雀，也就不暇令人哀了"。

（师板书：同情鸟—同情人。）

生9：我觉得作者既同情笼中鸟安逸却没有自由的生活，又同情笼外鸟有自由却不安逸的生活。作者把笼中鸟和笼外鸟，比作当时社会上的某种人。

师：这个点抓得好，我们都关注到了作者对笼中鸟的同情，但却忽略了对笼外鸟的同情。那么你说，作者把这两种鸟都比作了谁呢？大家可以再看看第六段文字，那些垃圾堆上的衣衫褴褛的且臃肿的人，是哪种鸟的象征呢？

生：（齐）笼外鸟。

师：那么哪种人是笼中鸟的写照呢？请大家关注最后两段文字，看看能否有新的发现。

（生阅读后两段。）

师：大家有所领悟吗？再提示大家一下，请再看看第二段，比较一下"我"在四川之时，与"我"离开四川之后，有何变化？

生：在四川时写鸟的叫声是"交响乐"，而离开四川后，则看不见那些鸟了，听到的鸟叫也是"鼓噪"和"怪叫"。

师：你找得很对，这里我们没有资料来证实，但通过分析这两处的变化可以推断出，作者的生活境遇发生了很大的变化。他可能是想通过写鸟的声音的变化，来表达自己的现实处境吧。这一点，大家可能一时难以理解。这时，最后一句话就耐人寻味了，"再令人触目的就是那些偶然一见的囚在笼里的小鸟儿了，但是我不忍看"。至于作者为什么不忍看，老师读到了一层含义，跟同学们一起分享：作者写鸟是为了写人，而写人又是为了写自己。那些衣衫褴褛的人是一种鸟的象征——笼外鸟，而作者自己则是另一种鸟的象征——笼中鸟。

（生恍然大悟，发出惊讶之声。）

在这段实录中，我最想提及的还是"一放""一收"。学生讨论过后会形成自己的理解和观点，学生在与文本进行了深度的接触之后，会对自己感兴趣的问题有了一定程度的认知。这种认知应该是在上课之前所不具有的，或者不明晰的，通过讨论合作，学生的理解会走向深刻。同时，也存在上文提到的"点状"思考的问题。因此，教师在"放"的时候，要伺机将他们片段的回答和理解串联起来，要将学生的理解与文本串联起来，还要将老师的理解与学生的理解串联起来。

在"收"的时候，我的做法是将学生回答的关键词整理在黑板上，将相同的内容继续归类，使问题从六个大问题，变成三个关键词。抓住问题的核心内容，把问题聚焦在表达主题上。通过这一"收"，学生面对的问题就减少了，也清晰了。

在这"一放""一收"的过程中，我们会看到，学生的思维在不断地向高处攀登。其中有两位同学的回答的确超出了我的意料，也超出了我对文本的解读。这两位同学分别出现在"放"和"收"的两个阶段。一位同学认为，诗人对鸟的爱是幻想鸟美好的一面，而全然不顾它"豪横"的一面；作者对鸟的爱则是"单纯"的。另一位同学则认为，诗人不仅同情笼之鸟，也同情笼外鸟。我为他们的回答点赞，甚至感到自豪，这种回答可以说是"神来之笔"，在课堂上是很难看到的。

5. 张弛有度，内紧外松

我想这两位同学的精彩发言，应该与当时的学习氛围有很大关系。从整节课来看，老师提供了一个相对宽松的学习环境，大家可以畅所欲言，也可以在小组里自由地交流。老师会认真倾听学生的回答，而同伴间也会认真倾听对方。这样的学习环境是安全的，学生不怕说错，也不怕有人嘲笑。大胆的表达、自由的发言，打开了"说"的大门；平等的交流、相互的借鉴，打开了"想"的大门；思维的碰撞、教师的点拨，尤其起到了推波助澜、画龙点睛的作用。在这些因素的共同作用下，学生的思想是活跃的，思考是积极的，因此，有超出老师意料的发言也在情理之中。

但这种宽松又不是随意的、随性的，想干什么就干什么，想怎么样就怎么样。在课程推进的每一个阶段，学生都有要解决的问题和面对的困难，这些任务就是学生能够不断向前探索的内在动力。大的环境是宽松的，但每个学习阶段都是紧凑的、紧张的。听别人说，看似是跟自己无关，但如果听的目的是为了与自己的想法进行比对、互补，那就得认真听，不但要认真听还得认真记。这时候,学习也是紧张的。

　　如果一节课从头到尾都是紧绷着,学生没有任何的喘息之机,他虽然会一直跟着老师的思路阅读,但很难有自己的体悟,更不要说独到的见解了。如果一节课全是"放羊",大家想干什么就干什么也不行,学生没有目标,不但纪律无法保证,学习的效果也无法保证。所以,一节课最好的状态就是"收放有节,张弛有度"。把握好课堂的节奏,我的理解是,越是在学生的思考受阻无法前行时,教师越要"放",不要把学生护在自己的羽翼下,喂食他们现成的东西,把时间交给学生阅读,把空间放给学生讨论,自然会比勉强"教"的要好。越是在学生思如泉涌、口如悬河之时越要"收",学生的每一次回答,都必须以文章内容为依据,以合理的想象和推测为辅助,绝对不能颠倒黑白、不分主次让学生信马由缰、随口胡说。课文是最大的保障也是最大的限制,你可以向文本的深处不断地探索,但不可以超出文本的"边缘"。对学生如此,对教师亦是如此。

三、课后反思,促进教学改进

　　上文主要依据实录对上课的几个环节进行了细致地分析,主要讲的都是好的一面。但事实上,课跟人一样,人无完人,课亦无完课。我记得于漪老师曾说过,如果要问我哪一堂课上的最好,我的回答一定是"下一堂课"。

　　这堂课,或者说这种上课形式的优点有三点:能激发学生思考,生成性的理解会比较精彩和深刻;学生有更多的时间和空间,可以自由地发言和讨论;教师能够通过学生的回答提升自己,实现教学相长。

　　当然也存在问题:(1)对于问题的收集和整理的时间会相对较长,大大影响了时间的分配。如果改进的话,可以在课前将学生的问题收集起来,进行初步的汇总,上课时再把学生比较感兴趣的问题以及阅读中难以理解的问题拿出来,大家一起解决。(2)问题太多、涉及面太广,看似面面俱到,实则可能产生面面不到的情况。讨论的问题太散,学生的精力被分散,所谓发散容易收束难。有些问题,可能因为时间有限,无法在课堂上解决。针对这个问题，可以尝试简化问题，最好是形成一个具有冲刺挑战性的问题，供大家一起讨论研究。这样既不会"跑偏"，也不用担心问题牵扯太多而无法深入。（3）处理环节比较复杂，对于一般教师尤其是新入职的教师而言，可操作的难度很高。看似没有设计，几乎都是课上的生成。其实，在上课之前教师要做大量的功课，尤其是对文本的深入解读，那是我们在课上左右逢源、游刃有余的本钱。文本解读的不好，学生的提问根本接不住，到时候就不是教师带着学生"学"了，而是学生"牵"着教师走。同时这样的课堂也考验教师的倾听、串联和反刍能力，没有受过长时间的倾听训练和养成相关教学习惯的老师，是很难驾驭这样的课堂的。这些虽是这种课带来的挑战，但对教师自身素养的提升有很大帮助，它的主要问题是难以复制和落实。因此，只能建议教师加强自身的专业素养、文本解读能力以及教学设计能力。

  呈现这堂课的一个目的是想告诉老师们，上课的形式可以多种多样，这种以学生为主体，以教师为主导的课堂，呈现出来的是"学"的过程。它强调的是对学生学习过程的记录和分析，进而反思教师的教学。新课改理念下对教学的评价也在悄然发生变化，上一节好课不再是对教师评价的主要依据，而学生是否能在课堂中真实地学习、真正地思考，才是更值得我们关心的问题。学的本质是学生对意义的内容进行内省建构，而不是把教师呈现的意义进行处理和内化。教的本质和教师的责任并不是"上好课"，而在于实现每一个儿童的学习权，最大限度地提升每一个儿童的学习能力。

顺势抛锚，逆势而思
——以《社戏》的教学为例谈如何撬动学生的思维

随着二期课改理念的不断深入，我们欣喜地发现已经有相当一部分一线教师改变了自己的课堂样貌。他们渐渐地从以"教"为主的"填鸭式"教学形式，转变为以"学"为主的"合作式"教学形式。但是，在这个转型的过程中，我也发现有相当一部分教师对"以学定教"这个理念存在误解，认为让学生成为课堂的主人，教师就该退出课堂教学。所以，教师的满堂讲，变成了学生的满堂说或者满堂问，这无疑是从一个极端走向了另一个极端。"以学定教"并不是只对学生有要求，相对于传统课堂，这样的课堂对教师的要求更高。理想的课堂教学和师生关系应该是师生互助、教学相长。教师要为学生的学习提供一定的专业支撑，而学生也要通过自己的学习促使教师在专业上不断地前进。只有教师"教"得清楚，学生才能"学"得明白。

具体到《社戏》这篇文章的教学，我拟的题目是"顺势抛锚，逆势而思"，"抛锚"是教师的行为，但教师的这个行为并不是为了"教"，而是为了撬动学生的思维，让学生更好地"学"。因此，教师的这个"锚"应该是顺着学生"学"的形势自然抛出，并且这个"锚"可以让学生的思考发生本质的改变。那么，究竟这个"锚"是什么？教学中又该如何抛出这个"锚"？它又是如何让学生的思考发生本质的变化的？接下来我尝试以《社戏》的教学为例，谈谈自己的思考和具体操作方法。

一、教育思想的转变

老师们总是担心跟不上教学进度、完成不了教学任务，所以往往是让学生在形式上讨论一下，然后又把话语权抢夺回来，生怕时间不够；有些教师则是口口声声说提问对于学习是非常重要的，读书一定要读出问题，但实际上，学生提出的问题一旦超出了教师的预设范围，教师往往置之不理，或者全然不顾学生的问题依然"我行我素"；还有些教师上课的时候想着把课堂还给学生，但是一旦学生陷入学习困境，教师便急于告知答案。类似的情况还有很多，这些行为从表面上看是担心时间紧、任务重，实际上是教师对"以学定教"的课堂缺少安全感；表面上看是不顾学生的问题而"我行我素"，实际上是教师自身的专业素养不足以指导思维发散的学生；表面上看是教师在帮助学生走出困境，实际上是对学生缺乏信任，对自己的教学能力缺乏信心。导致这些问题产生的根源就是教师自身的教育思想缺乏改变。

当然，"以学定教"的课堂也并不是把时间和空间还给学生这么简单，相反，它对教师提出了更高的要求和更大的挑战。这种挑战不仅是来自思想上的对于新理念和新思想的接受，更重要的是对学科本质的认识和对专业素养的提升。学科本质在教学中的表现是，教师对文本有独到的见解，并且能根据《义务教育课程标准》《教学基本要求》《考试评价指南》进行有针对性的高水平的学习（活动）设计。专业素养在教学中的表现是，教师要会倾听、能串联，适时引导学生进行反刍。前者是希望在学理上为学习设计找到参照和依据，后者是希望在操作方法上能够有所提炼和指引。

教育思想转变的同时，教师的专业素养和专业能力也要随之进阶提升。否则就会无法跟上学生的思考，不能对他们的回答作出清晰的判断和指引，其结果是要么被学生带偏，要么把学生控制在自己的话语体系和思维逻辑中。

二、抛"锚"激发学生深度思考

1. 抛出问题

"锚"即指问题，能激发学生深度思考的问题一般具有两个特质：一是问题要具有一定的挑战性并且能够指向文本的核心内容；二是问题的指向要清晰明确，学生能够在问题的指引下进行合作探究。通常来说，提问的方式也可分为两种：一种是教师直接抛出问题，另一种是教师顺着学生的思路抛出问题。这两种抛出问题的方法，是我在研究"学习共同体"课堂的两个不同阶段时所采用的。在学生还不习惯提出问题的情况下，可以选择以教师的问题为主线；当学生有了问题意识之后，教师可以对学生的问题进行归纳和总结，进而提出问题。

在讲《社戏》这节课时，我的学生已经接受了很长时间的文本解读训练和提问训练，对文本和问题都有了一定的敏感性。在这个基础上，我选择了在学生对文本进行初步的反馈之后将"锚"抛出。具体操作过程如下：

在上课伊始，我让学生谈谈对小说中的哪个人物印象最深，并说说理由。因为学生已经做过充分的预习工作，所以在回答这个问题的时候同学们几乎把文中的人物都说了一遍，对于同一个人物的不同表现也都能相互补充。其间，大家相对集中地谈论了"双喜"这个人物，大家一致认为双喜是一个聪明能干、善解人意、思虑周全的"小领袖"。

当学生将目光都集中在双喜身上，并且对双喜的人物形象达成共识之时，我抛出了问题：双喜真的像你们所说的那样"完美"吗？难道他就没有缺点吗？

提出这个问题主要是从这几个方面考虑：首先，从文本自身的障蔽性的角度来说，现成的文字往往会遮蔽其本意，读者看到的表象，往往是作者为我们所设置的阅读障碍。就拿双喜这个形象来说，无论是学生还是教师，抑或是一般的读者，人们通过人物描写和具体事件看到的无非是"高大"的一面。即便是有些许不同也是从正面对其形象进行补充，很少有人提出异议。没人提出来，并不代表问题不存在，原因是我们都被作者的表述"蒙蔽"

了。就像一个武林高手想尽一切办法把武林秘籍藏起来，传出去的不过是一些"三脚猫"的功夫。如果没人发现，他就一个人独享，如果有人发现，那个人往往就是"有缘人"。作为教学之用的材料，教师有必要带着学生走进文本，让学生在问题中探索真知和文字的奥秘，这样的语文教学才有意思，才更有意义。

其次，从人物形象塑造的审美角度来说，一个"扁平"的人物形象并不能给读者带来高层次的审美感受，作家在小说中塑造的形象往往是具有一定争议、性格复杂的"圆形"形象。就拿鲁迅其他小说中的人物来说，孔乙己有死要面子、好吃懒做的缺点，但他也有善良可爱的一面；祥林嫂饱受不幸生活的折磨，但她却一直在反抗命运；阿Q总是被人欺负但也欺负别人……双喜固然有值得肯定的优点，也一样存在一些小的瑕疵，这样，他的人格才健全，人物形象才更具审美特质。

最后，从学生的认知角度来说，学生的认知"终点"就该是教学的"起点"。既然大家的认知都停留在表现层面上，这说明学生还并未真正读懂双喜这个人物，还并未真正理解作者塑造这个人物的用意。在这样的认知基础上去体悟作者的心境，探究文章的主旨，学习语言表达的形式，肯定是缺少深度的。

其实在处理学生的反馈时，教师是有一定预设的。如果学生的反馈存在争议，这是教师最希望看到的，说明他们对文本的认识处在不同的水平层面，才会有认知冲突，教师可以抓住这样的冲突提出问题。如果学生的反馈都停留在一个水平层面，那么教师就有必要向平静的水面扔一块石头，抛出带有一定认知冲突的问题，引发学生思考。

2. 引发思考

黑格尔提出的"否定之否定"的哲学基本规律，揭示了人们正确认识事物发展的曲折性和前进性。它的发展过程是：肯定、否定、否定之否定。就拿学习这篇文章的过程来说，对于直观现象，他们的意见趋于统一，这是自我肯定的过程；但是当教师抛出问题之后，学生开始自我反思，再次进入文本去寻找"证实"或者"证伪"的依据，陷入思考是自我否定的过程；随着教师与学生共同学习，他们可能对这个问题的认识又回到思考的原点，也就是否定之否定的过程。在整个学习过程中，学生的学习是呈现螺旋上升的态势，而促使他们一步步不断地思考的原因就是对问题不断深入地剖析。布鲁姆教育目标分类认知过程维度分为：识记、理解、运用、分析、评价和创造，可见学生的学习过程是非常艰难且复杂的。教师要在遵循学生学习规律的同时也要为学生的思维提升与发展搭设脚手架。

我在《桥》的课例中提出文本解读要经历陌生、熟悉、受阻、释疑这四个阶段，其中陌生和受阻是促使思考发生的阶段。也就是说，要想更为深入地思考文本，需要经历否定或质疑。

具体到《社戏》这篇文章的教学，当教师提出"双喜真的像你们所说的那样'完美'吗？难道他就没有缺点吗？"这个问题的时候，学生对文本的认识从"熟悉"变成了"陌生"，要解决这个问题就必须再次深入阅读文本。那么在这个过程中教师又该如何引导呢？

第一步，搭设"脚手架"，将学生引回文本。当教师所提问题引发了学生的认知冲突，可能导致学生慌不择路，脱离文本信马由缰地乱说。这时候教师可以明确要求：围绕文章中对双喜进行描写的段落和语句，找出与双喜的"高大"形象有矛盾冲突或者相违背的内容并加以分析。提示直指双喜的"反常"行为，这样既避免了学生胡乱猜测的不可控，又将学生引回文本，重新研读，深入思考。

第二步，引导提炼，重新认识人物形象。学生通过对文本的进一步阅读，可以找到双喜的一些反常或者前后矛盾的行为。例如，第21段写道："全船里几个人不住的吁气……双喜终于熬不住了，说道，怕他会唱到天明还不完，还是我们走的好罢。大家立刻都赞成，和开船时候一样踊跃……"再如，桂生提议偷罗汉豆之后，第25段双喜的话一直被大家忽略。他先跳下船说："阿阿，阿发，这边是你家的，这边是老六一家的，我们偷那一边的呢？"

抓住双喜的反常表现是为了让学生进一步与文本对话，重新认识人物形象，相对于上课之初的反馈，此时学生已经向文本深处前进了一步。但是只找到反常还不够，教师可以通过追问的方式，进一步引导学生关注人物反常中的机杼——作者的用意。

一节好的语文课，必然是要经历从文章内容到主旨，再到用什么样的语言形式来表达作者心境的过程。所以第三步就要引导学生关注语言形式。例如，六一公公发现"偷豆"的事情向双喜质问，双喜的回答非常精彩，文中是这样写的："是的。我们请客。我们当初还不要你的呢。你看，你把我的虾吓跑了！"这一小段文字在文中是单独成段的，可见作者是有意要强调这段文字。一共四句话，每一句都是独具匠心。"是的"这是对六一公公的直接回答，可以看出双喜是敢做敢当的；"我们请客"虽然道出了实情，但也是抬出"客"给自己撑腰，因为"在小村里，一家的客，几乎也就是公共的"，这句话明显就有心机了；"我们当初还不要你的呢"这句话的言外之意是"要了你的豆，你应该感到庆幸"；还没完，最后他话锋一转："你看，你把我的虾吓跑了"，这时双喜的小心机又体现出来了——你问我要豆，我就向你要虾。一个机灵的、思路清楚略带小心机的小孩子的形象就这样跃然纸上了。

从学生的学习过程来看，在这样的学习过程中，他们的思想始终在跟随教师的引导不断地向文本的深处前行。每一次教师适当的引导，都是促成他们进一步思考的动力。恰当的问题起到了巨大的作用，但是时机的把握也是非常重要的。一个问题要让学生讨论多久为宜，教师要在什么情况下介入最合适，要一点点摸索，也要根据具体的情况来定。

3. 协同学习

协同学习是教师引导下的一种团队学习模式，以小组为单位，通过组员间的相互协作共同完成任务。在这个过程中彼此的交流和批判性的讨论，就会促使学生深入思考问题，让学习真实自觉地发生。协同学习与小组合作学习的最大区别是，成员间不设组长和负责人，在协同学习的过程中，每一位成员肩负的责任和义务都是平等的。成员间并不是通过分工来提升完成任务的速度，而是在尊重每一位同学的思考的结果和贡献的智慧的同时，通过串联与整合集思广益，使学习不断向文本深处漫溯。协同学习并不是贯穿于课堂始末，而是在关键问题的处理上或者个人无法独立完成任务时，能够最大化地发挥作用。没有独自学习作为基础，协同学习往往会流于形式、浮于表面。

具体到这节课的教学，在教师抛出"双喜真的像你们所说的那样'完美'吗？难道他就没有缺点吗？"这个问题后，并没有急于让学生进行协同合作，而是先明确给定独自学习的时间，他们根据教师的提示在文中不断地搜索双喜的反常行为。受制于课时的限制，在规定时间结束后，开始进行组内的协同交流。这个过程如果组员没能找到双喜的反常表现，那么可以在其他成员交流时倾听和补充发言；如果组员间不能达成观点的一致，可以进一步到文本中寻找依据说服对方，也可以搁置争议求同存异，保持各自意见。在研究"作者为什么要塑造这样的双喜形象，他想表达什么？"这个核心问题时，学生囿于个人能力的限制，有必要进入协同学习的状态。整个学习过程如下：

提出观点—质疑—求证（寻找依据）—交流—解决问题（再存疑）。

这是一个循环的过程，学生在这个过程中，吸收了来自不同方面的见解和想法，要想对这些想法作出正确地判断和取舍，就要具备一定的批判思维，要学会倾听和表达。如果在交流过程中学生偶尔偏离了最初的问题，也不必急于制止，随着讨论的深入，一些平时习惯游离的学生是可以参与到学习中的。当然，为了避免这种情况的发生，教师和学生可以达成一个"公约"或者规定，用来避免在协同学习时发生"跑题"和聊天的情况。

三、文本解读作为设计支撑

鲁迅在《社戏》中营造了一个民风淳朴、邻里和睦的"乐土"。每次读到平桥村的生活，看到月下如仙境一般的江南水村的美景，总会让人不由自主地想到世外桃源。那里的生活是平静美好的，那里的人们更是淳朴善良的。有学者认为平桥村是鲁迅心灵中诗意的精神家园，我以为还不够，那里应该是鲁迅想极力守护的一方心灵的净土，在那里没有纷争，没有喧闹和嘈杂,更没有世故与做作。那么作者是如何为我们营造出这样一方心灵的净土的呢?接下来我通过三个方面试作分析。

1. 抓住细节还原双喜

双喜有好的品质吗?有。聪明机灵,善解人意。好像在《社戏》中唯有双喜是一个"完美"的人物,他应该是孩子心中的偶像。但有些细节,不知道大家是否注意到了:如果桂生能做的事双喜可以做,阿发能做的事双喜也可以做,那为什么还要写桂生和阿发呢?文章7、8两段明确地写出陪"我"看戏的有"十几个少年",为什么偏偏写这三人?只写一人不可以吗?如果不能回答,那么对于作者真正的写作意图可能还是没搞清楚。因此,重新认识双喜,还原其真实的一面,更有助于我们读懂《社戏》。

先看一处细节。第21段写道:"全船里几个人不住的吁气……双喜终于熬不住了,说道,怕他会唱到天明还不完,还是我们走的好罢。大家立刻都赞成,和开船时候一样踊跃……"请注意,这里并没有写"我"已经熬不住了,而是说双喜终于熬不住了。很多孩子也都熬不住了,但大家都没说要走,唯独双喜熬不住了的时候,他提议要走。打了包票要陪"我"看社戏的是他,作为"客"的"我"还没说不看,双喜却提议回去罢,这合适吗?第22段末写道:"我疑心老旦已经进去了,但也不好意思说再回去看。"我虽然也很讨厌老旦,但却并没有想走的意思。双喜的行为看似得到大家的支持,但却并没有考虑"我"的感受。这其实是有悖于他陪"我"看社戏的初衷的,这时双喜的高大的形象开始出现了一点小瑕疵。当"善解人意"与"个人意愿"发生冲突时,他遵从了自己内心最真实的想法而忽略了"我"。

再看一处。桂生提议偷罗汉豆之后,第25段双喜的话一直被大家忽略。他先跳下船:"阿阿,阿发,这边是你家的,这边是老六一家的,我们偷那一边呢?"双喜是什么人?聪明机灵、善于观察,这一点大家不要忘记。那么,当他第一个跳下船的时候,看到两边的豆田,他为什么会问一个看似可笑的问题呢?偷谁家的豆?他为什么不做个顺水人情,直接偷老六一家的呢?而是将这个问题抛给阿发呢?又或者,他为什么不直接说,阿发你家的豆大,偷你家的呢?(以他的观察力,上了岸看一眼就应该知道谁家的大)

从写作的角度，他的这番话，给阿发的大方登场提供了舞台。与双喜的不决定相反，阿发往来地摸了一回，直起身来说道，"偷我们的罢，我们的大得多呢"。"偷我们的"并不是因为豆是自己家的，而是因为自己家的豆大。这不只是大方，更是淳朴，想法单纯，甚至有点傻傻的善良。从双喜角度来说，这种问而不选是一种"小心机"的表现。一方面，他连外祖母、母亲、八叔这些大人的心思和性格都能摸清，更不用说跟他朝夕相处的玩伴阿发了。在面对豆与亲疏的关系难以选择时，他选择了明哲保身。另一方面，不管偷谁家的豆，最终都会被发现，"若要人不知，除非己莫为"的道理他是懂得的，真要是有人追究起来，他也不是"主谋"。主意是桂生出的，决定是阿发做的，自己不过是做了一件成人之美的事——请客。

写双喜带出了阿发，写阿发同样是为了反衬双喜。与阿发的善良单纯相比，双喜就复杂多了。你看看，双喜的思虑周全，当所有的证据都被销毁之后，双喜还是担心。文中写道："双喜所虑的是用了八公公船上的盐和柴，这老头子很细心，一定会知道，会骂的。"于是，又跟大家商量对策。孙绍振先生说，形象越简单，情感价值与道德的善和科学的真之间的矛盾就越小；形象越丰富，这一矛盾就越大。这句话放在双喜身上再合适不过了。再通过上文分析的双喜"回击"六一公公的四句话，我们进一步认识了双喜这个人物。他有担当也有心机，考虑周全也有孩子的"狡黠"，敢做敢当也会转移矛盾。关注事件我们看到的是双喜的正面，通过细节我们又了解了双喜的侧面。

当我们把双喜与《故乡》中那个带着银项圈手拿钢叉的小英雄——少年闰土相比时，你会发现双喜就显得"接地气"，并且是烟火味十足。但说实话，如果没有成年闰土的出现，就少年闰土与双喜相比而言，在形象塑造上，我更喜欢双喜。

双喜这个形象是"美"的、是鲜活的、是丰满的。一个小村里的十二三岁孩子的典型形象，他会揣摩大人的心思，也很了解邻居的性格，遇到问题时能灵机一动，偶尔也会有点自私和狡黠。可以说，双喜的性格并不是完美的，但双喜的人物形象的塑造确实是无可挑剔的。

2. 抓住矛盾还原社戏

作者用文字为读者营造了一个特定的阅读时空,当我们进入这个时空后,会不自觉地跟着作者的思路在文本中前行,以至于失去自己的判断。当读者顺着文字表面行走的时候,会很容易找到文本的"终点",并与文本产生认知共鸣。就像阅读《社戏》,当我们沿着作者为我们精心设计的美景去看平桥村的居民之间的和睦与融洽时,自然会得出平桥村民风淳朴、热情好客的结论。当越来越多的人达成这样的认知共识的时候,文字对读者的障蔽性就越大。叶圣陶先生在《语文教学二十韵》中说"作者思有路,遵路识斯真"。叶老所说的"路",应该有两条:一条是大路——顺势而读的建构之路,一条是小路——逆势而思的解构之路。

上文对双喜人物形象的分析就是走了小路——抓住了不易被察觉的细节,进而还原了双喜的本真。读懂了双喜之后,我们再看《社戏》就会发现,在文字背后还有一些不该被忽视,却恰恰被忽视的地方。

文章除了写了外祖母、母亲、六一公公、八叔、阿发娘、桂生、阿发和"我"之外,还有一个略带"瑕疵"的双喜。他也是这篇小说的主人公之一,从第7段出场,到第32段,一共出场9次。是"我"看社戏的"功臣",也是偷豆的主要参与者。文章的主旨是赞美平桥村的民风淳朴,以及怀念自己那段难忘的童年生活。文中有那么多"淳朴正直"的形象,可为什么写了一个"不太淳朴"的双喜和一次"不太淳朴"的偷豆经历呢?这是不是与主题相悖而行呢?

(1)双喜的形象是否与民风淳朴相悖?

要想破解这个问题,首先要重新认识一下"淳朴",词典解释是老实、诚实的意思。如果老实、诚实是淳朴,那么真实不做作是不是也该算淳朴呢?光看双喜这个人物的话,我想任何人都不会在他身上找出老实、诚实的影子。但双喜却十分真实,在"我"要看社戏而不得之时,他挺身而出打了包票,宽慰了母亲,这时候他考虑的都是如何达成"我"的心愿。但是,戏看到一半的时候他却第一个提出要走,这时候他的考虑虽然是欠周全的,但却是他那一刻最真实的想法。他毕竟是个孩子,虽然聪明机灵,但孩子就是孩子，在自身利益与他人利益发生冲突时，一般的孩子都是以自我为中心的，更何况双喜是一个未接受过教育的"野"孩子。

那么无论是让阿发决定偷哪一边的豆，还是与大家商量对付八叔，再或者回击六一公公的质问，双喜都表现出他的小心机、小机灵。双喜从不掩饰自己的"聪明"，只要有表现机会，他都会站出来。你看他分析铁头老生不翻筋斗是因为看客少，不愿"显本领给白地看"，就是如此。这样看来，真实、不掩饰、不做作，才是双喜最真实的性格特征。也许这样的性格才是鲁迅理想中的人物形象。

可以做个总结，外祖母的待客之礼，母亲的礼尚往来，六一公公、阿发娘与八叔的宽容大度，阿发的正直纯朴，桂生的体贴细心，再加上双喜的聪明、周全与善解人意，这些人物的形象都是真实、不做作的。《社戏》中的样子就是他们本来生活中的样子，这就是作者笔下的民风淳朴。

（2）偷豆的行为是否与民风淳朴相悖？

"偷"本是一种不正当的行为，但作者笔下的"偷"却带给人以"美"的享受。

先看偷豆的背景。这并不是有预谋的"偷"，而是在极度疲乏且许久未吃东西后的"正常需求"。作者为了给"偷豆"安排一个合理且美妙的开场，让归航的孩子们集体亮相来了一场漂亮的水上航行。文章中写道："这一次船头的激水声更其响亮了，那航船，就像一条大白鱼背着一群孩子在浪花里蹿，连夜渔的几个老渔父，也停了艇子看着喝彩起来。"这段描写给下文因疲乏而想到偷豆埋下了伏笔。

再看出主意的人。想出偷豆这个主意的竟然不是双喜而是桂生，这是大大出乎读者的意料的。为什么不是那个聪明机灵的双喜，而是细心体贴的桂生呢？第一，可能双喜在划船（前文可知）无暇顾及。第二，作者让桂生提出偷豆的主意来，是想告诉人们，桂生并不是因为自己疲乏和饥饿而想到偷豆的，他是为大家着想。这不但符合桂生的形象，也回避了让双喜做这件"坏事"。这就是鲁迅的高明之处，让一个体贴细心的好孩子桂生想出一个"坏主意"，而不是让那个聪明机灵有小心机的双喜想出这个"坏主意"。我们不得不佩服作者的思维缜密，可谓是滴水不漏。

接着看偷豆过程。这回又是一个忠厚老实的人——阿发，冲在了前面。在这个过程中阿发表现出来的是无私、大方，"偷我们的罢，我们的大得多呢"。可以这样说，如果没有后来大家听了双喜的话各自到老六一家偷了一大捧的话，这根本算不得"偷"。但作者却要让大家顶着"偷豆"的名声，这是为了下文中六一公公的出场和送豆埋下的伏笔。

最后再看偷豆的结果，这回是通过"我"的视角写出来的。文中写道："第二天，我响午才起来，并没有听到什么关系八公公盐柴事件的纠葛，下午仍然去钓虾。"细心的八公公没有"骂"；文章也没写阿发的娘哭闹；唯一出场的六一公公虽然嘴上质问双喜，但却没有任何索偿的行动，反倒笑着说："请客！——这是应该的。"也就是说，大人们根本没把昨天的偷豆的事当回事。

可以把偷豆的事做个总结，作者用一个看似不正当的行为"偷豆"，写了桂生的细心体贴，阿发的无私大方，八叔、阿发娘和六一公公的宽容。而在众人充满真心、真情的表现中，无论是"偷"的行为，还是豆的大小，都显得不那么重要了。而这里作者的高明之处就在于用看似不正当的行为，来表现平桥村人们的和睦相处、热情好客和淳朴民风。

无论是写双喜还是写偷豆，作者都是借用了矛盾与错位，出人意料又在情理之中。这使得《社戏》的美，又深刻了一层。

3. 抓住背景走近鲁迅

背景一：入选教材的《社戏》是节选，原文前面还写了两次在北京看戏的经历。一次是民国元年初到北京时跟朋友看戏，作者的感受是"耳朵已经喤喤的响着"，不但吵还有人占座，让他无处安身只得离开了。第二次看戏是募集湖北水灾款的义演，作者为了"塞责"劝募人也为了一睹小叫天的风采。但本以为晚去也有地方的他最终只能站在远处，又因不知角色询问旁边的胖绅士，结果被他很看不起地斜瞥了一眼。最终也是没有看完，便出了戏院。

作者写"我" 20 年来一共三次看戏的经历，两次在北京一次在平桥村。

前两次看戏有些相同,都是在北京,都是在正规的戏院,都是座无虚席,都是吵闹,都是没有安身之处,都是看到一半便扫兴地离开。这样一来,前两次经历就同儿时看戏的经历形成了鲜明的对比。一边是天子脚下的国粹,一边是偏僻渔村的社火;一边是戏好腕大但喧闹嘈杂不得安身,一边是烂戏小角色但身边却有一群伙伴的陪伴。

背景二:《社戏》被收录在短篇小说集《呐喊》中,作为那个黑暗时代的斗士,一个冷眼旁观世界的想用文字拯救病态人民的灵魂的大作家,他想在《呐喊》中呐喊什么呢?又为谁而呐喊呢?我不想生硬地将文本拔高到唤醒国民思想与批判封建礼教之上,但还是有必要通过平桥村这个鲁迅诗意的精神家园,去走进鲁迅的内心世界。

作者在开篇介绍了平桥村,文中这样写道:"那地方叫平桥村,是一个离海边不远,极偏僻的,临河的小村庄;住户不满三十家,都种田,打鱼,只有一家很小的杂货店。但在我是乐土:因为我在这里不但得到优待,又可以免念'秩秩斯干幽幽南山'了。"从第一句即可以看出平桥村的三个特点"远、偏、小",但这样的地方于"我"却是"乐土"。为什么要花大量的笔墨写看似与社戏无关的事情呢?尤其是写读书,第二段作者再次强调"他们也百分之九十九不识字",第三段写小朋友嘲笑"我"会念"秩秩斯干"。

如果把这些内容与前面两次看戏经历联系起来,就会发现这些看似闲来之笔,却是大有用处的。从前两次看戏的经历看,本应该是文明的场合大家文明地看戏,但北京看戏的人们的表现是"占座""看不起人",这些事情怎么能发生在北京这个文明之地呢?又怎么能发生在"绅士"这个身份之下呢?作者要借此表现的是文明之地却尽是不文明之景,而偏僻渔村却是更接近文明。他们不识字但却懂得宽容有礼、体贴大方,"我"一个识字的人,在这样的环境中不但没有"用武"之地,也并没有感受到任何的无礼与怠慢。反而是在那样的有着悠久文化的北京城,受过教育自称懂礼数的绅士们缺少的恰恰是"礼"。

由此可见,接受教育的反而无礼——"占座"与"瞧不起人"都是如此。而在那个不识字的偏僻渔村,却是人人知礼、懂礼、守礼。这样强烈的反差，是极具讽刺意味的。在北京，人们有知识有文化却不知用，在平桥村，人们没有知识和文化却和睦融洽。由此看来，学了知识倒不如不学的好。因为有文化的人用文化和知识来区分人，而没知识的人不但敬畏知识，更懂得尊重人。因此，我在平桥村是可以免念"秩秩斯干幽幽南山"的，因为那里便是"南山"。

有学者认为平桥村是鲁迅诗意的精神家园，我认为鲁迅是在用平桥村守护自己心中那块神圣的净土。

从学生的角度去思考，教学设计要能调动学生学习的积极性，要能触发学生的深度思考，并且在学生学习遇到困难的时候给予一定的支持（技术或者情感层面），教师充分地信任学生，要敢于把整块的思考时间留给学生。

倾听来自学生的声音
——以《卖油翁》的教学为例

听、说、读、写是语文学习的四种能力,其中听和读是信息的输入过程,说和写是信息的输出过程。"听"伴随着学习的整个过程,尤其是在学习的起始阶段,"听"的作用更大。但是不知道从什么时候开始,教师对"听"产生了误解,希望学生能"唯命是听"。把"听"看作一个单项信息吸收的过程,即学生听教师的而教师则不需要听学生的。强调"听"对于学习的重要性没错,但忽略了教师的"听"就会使教学走向极端。其结果是"言者谆谆听者藐藐",学生不但不喜欢"听",更不愿意"听",而教师也渐渐地失去了"听"的能力。"教"与"学"成了师生间最苦恼的事情。要想让学生"听"老师的,老师要先学会"听"学生的。只有教师先"侧耳倾听"学生的心声,学生才会"洗耳恭听"老师的教诲。

"听"不只是一种态度,更是一种能力。接下来我就结合《卖油翁》的教学,以教师倾听学生为目的,围绕倾听与串联、倾听与记录以及倾听与反刍三个方面谈谈我的认识和做法。

一、倾听与串联

倾听的姿态是在"形"上对教师提出的一些要求。例如,你可以走到学生的身旁驻足聆听,也可以俯身侧耳细细倾听,还可以蹲下身体听等等。这些倾听的姿态往往是教师心态的流露,不疾不徐、不受外界环境影响。当你用这样的方式去倾听学生的时候，给他们释放的信号就是：老师和我在一起，他（她）在听我说。这种信号会让学生放松心态、畅所欲言，尤其是对那些性格内向、不敢发言的同学作用更大。一般来说，中学阶段建议采取俯身侧耳细听，小学阶段可以采取蹲下身体倾听。如果说倾听的姿态打开了师生之间相互倾听、相互信任的大门，那么倾听的内容则关系到教师要如何带领学生走进文本的大门进行深入探索的关键环节。

倾听的内容取决于言说者的表达质量和倾听者的信息捕捉能力，接下来我结合《卖油翁》这篇文章的教学实例，从教师的角度对倾听者的捕捉能力加以分析。

1. 倾听来自学生的问题

大多数学生对文本的理解往往是片面的、琐碎的，只能就一点答一点，就一问答一问，想好了这题再想下一题，甚至有时候还没想好就又要考虑另一个问题了。一些基础薄弱的同学的思维永远都是在追赶老师的问题，在追赶那些优秀同学的回答。所以，课堂上很多同学沉默不语，可能是没想好该怎么说，还可能是刚想好了老师又问下一个问题了……

当问题来自学生时，其外在的表现为兴奋、有想表达的欲望，因为每个学生都有捍卫自己发言的权利和证明自己观点的意愿。因此，当有同学提出不同见解的时候，他们或反驳或支持。然而促成这样的转变的动机又是什么呢？

首先，能提出问题本身就是一件很了不起的事。要知道不是所有人都能够提出问题，更不要说有质量的问题了，提问的前提是你要把课文读熟且有一定的见解。学生以自己的认知能力和已有的知识为基础，第一次与文本接触并进行解读。这种理解可能是有独到见解的，也可能是片面的、粗糙的，甚至还可能是错误的。这些都不重要，重要的是他们在自己的原有知识的基础上有了新的认知。而这种认知会在学习过程中不断地发展、变化，当自己的见解得到了别人的认可时，他们是愉快的；当自己的见解被别人质疑时，他们会重新审视自己的观点，以课文为依据展开论辩；当自己的见解被别人否定时，他们也会有明确的是非判断，择善而从。

其次，问题的提出者是学生而非老师，这对于学生而言很重要。当他们得知自己也有提问的权利的时候，思考开始变得深刻起来——能不能被采纳？能不能引起大家的共鸣？我应该如何理解这个问题呢？

再次，对于那些没有提出问题的同学来说，问题本身可能已经代表了自己的心声或者疑惑，解决了这个问题也就是解决了自己的困难。此外，学生也可能会带着帮助别人的心理去解决问题。

最后，对于教师而言，活跃的课堂要比死气沉沉的课堂更加轻松愉快。教师不再有对着空气讲课的感觉；问题从学生中来再到学生中去，由学生发起再由学生解决的形式可以避免老师上演枯燥乏味的"独角戏"，而在师生互动对话中可能会碰撞出许多新的火花。这些新生的问题可能会是这节课的一个生长点，教学内容会在这样的互惠中变得深刻。

这节课，我依然把学生的问题作为教学的起点，在上课伊始，我将学生提出的问题一一罗列出来：

（1）卖油翁为什么会出现在陈尧咨的家圃中呢？
（2）陈尧咨对卖油翁的态度为什么从"忿然"转变为"笑而遣之"呢？
（3）卖油翁为什么会"以钱覆其口"？是不是多此一举呢？
（4）这篇文章的主人公是谁？
（5）这篇文章的主旨是什么？

维果茨基认为教学应根植于学生的最近发展区，而学生的最近发展区在哪里呢？教师该如何把握学生的最近发展区？这些疑惑都可以通过学生的问题得到很好的解决，课堂的起点是学生阅读中的困惑，这就是学生的最近发展区。指出学生的质疑和提问能力的重要性并不是否认教师在课堂中的主导地位，一节课如果没有教师合理、适时的引导和点拨，课堂不会"愈探愈出，愈研愈入"。在学生提出问题之后，教师可以对这些问题进行归纳，为学生进一步研究文本指明方向。

就这五个问题来说，前三个问题都关注了人物行为的"反常"，后两个问题则关注了文章的主旨。而教师要做的就是引导学生通过对"反常"的理解和讨论,进而分析出文章的主旨。

2. 将学生与文本串联起来

学生的发言有时候是很有价值的,但是要想让这种价值被所有人发现,就需要教师在学生发言结束后,对学生的发言进行"串联"。一是为了让发言的学生之间建立起联系,使证据叠加相互印证。二是为了让发言内容与文本之间建立起联系,紧扣文本深入发掘内在信息。

例如,在讨论"陈尧咨对待卖油翁的态度为什么从'忿然'转变为'笑而遣之'"这个问题的时候,有三位同学发表了见解:

学生1:因为陈尧咨是"当世无双",他也经常"以此自矜",在他不知道卖油翁实力的时候,他觉得一个老百姓都可以嘲笑自己,所以才会很生气。到后面他发现老翁的技术非常高超,所以,这个"笑而遣之"也有尴尬的意思。

学生2:"遣之"有一种羞愧的心理,作为一个大官被一个百姓嘲笑,所以才会很愤怒。但是当他知道卖油翁的技术十分高超的时候,卖油翁却只说了一句"我亦无他,惟手熟尔",这与陈尧咨"当世无双,公亦以此自矜"形成对比。大官和百姓的身份也形成了对比,这两个原因使得他很惭愧。

学生3:"笑而遣之"的目的是为了缓解尴尬。

师:前两位同学认为陈尧咨"忿然"是因为卖油翁作为一个普通百姓竟然敢嘲笑自己引以为傲的本领,这让他无法接受。由"忿然"转为"笑而遣之"的原因是卖油翁用实力证明了"惟手熟尔"的道理。三位同学都关注到了"笑"和"遣"的目的是为了缓解尴尬。关注人物的情感变化在道理上似乎说得通了,但是阅读文章一定要在上下文中建立关联。例如,对陈尧咨和卖油翁之间产生矛盾的原因,大家还需要进一步关注细节。

在上面这个片段中,教师在听完三位同学发言后,通过归纳和引导将学生的视线引向细节描写。用意是为了让学生将上下文联系起来,引导学生全面深刻地思考问题。

二、倾听与记录

出于对文本的深度分析的需要，加之课堂的生成性的原因，教师有必要及时记录学生发言的内容。传统的课堂讲究的板书是事先设计好的，教师要一步步引导学生向自己的板书设计"前进"。"学习共同体"的课堂也十分重视板书记录，只不过不是按照教师特定的板书设计进行引导，而是真实地再现学生的想法。用板书记录学生思维的发展过程和思考的点滴，这对于教师而言是个极大的挑战。

我对于板书的研究经历三个阶段：第一个阶段是把整个黑板都利用上，只要是学生的话能记录下来的就尽可能详尽记录。这样记录的好处是，教师可以"记"住每一位学生的观点和想法，极大地尊重了学生。但也存在问题，即由于记录过于详细使得黑板过于拥挤，教师有时候都找不到学生的观点。对于学生来说，一黑板的文字也不知道什么是重点什么是难点，哪个该记哪个不该记。所以第二个阶段主要针对这种乱而无序的板书进行了改进，从什么都记改为只记录学生表达中的关键词和主要观点，再通过各种颜色的"线"将学生的观点与文本连接起来。这样做主要是为了让学生清楚问题的来龙去脉，抓住问题的主干，然后再"因枝振叶""沿波讨源"。这个阶段的改进，学生虽然已经能从板书中获取重要信息了，但是还可能会额外衍生出一些旁枝错节，在课堂上无法解决。对此，我做了进一步的尝试，把黑板分成几个功能区，每个功能区记录固定的内容，功能区之间可以遥相呼应。

例如，在《卖油翁》的教学过程中，我就将整个黑板分成三个部分。三分之一用来记录学生的问题，包括上课伊始的问题收集以及在研讨过程中新生成的问题，上文中的五个问题就是记录在这个区域内。

三分之一用来记录学生的主要观点和有价值的生成性回答，这部分内容的记录相比于之前的全部都记已经有了取舍。取舍的原则是，要抓住关键和核心词语。此外还可以记录与文本相矛盾的理解，与教师讲解相矛盾的内容，及学生之间理解相矛盾的内容。在这节课的教学中，在分析这篇文章的主人公时，有的学生认为卖油翁是谦虚的，有的学生则认为卖油翁也并非谦虚，因为他的动作和语言都不够谦虚。像这样的认知冲突往往是学生对文本认识的直接反应，主要是由学生对文本认识的程度决定的，既然学生存在冲突而且这个冲突又会将教学引向深刻，那么教师就有必要将这两种观点记录下来，便于进一步展开讨论。

另外三分之一的区域主要是记录学生对观点作进一步讨论的认识和结果，也就是最终的生成。例如，对于卖油翁这个人物形象的认识和作者塑造这个形象的目的这一问题的讨论，学生是通过卖油翁的三个反常的行为来论证的：别人都夸奖陈尧咨，他却很不以为然；当陈尧咨"忿然"时，他却不紧不慢、不疾不徐地"酌油"；当他展示完自己的技术后，只说了一句"我亦无他，惟手熟尔"。这三个行为可以看出他是一个不阿谀拍马，不畏惧权贵，不张扬自矜的人。作者想通过这样一个形象揭示文章熟能生巧的主旨，同时也要告诫我们如何做人做事。这些新生成的结果就可以记录在这三分之一的区域里，以便学生清晰地记录课堂的成果。

随着课堂教学不断深入，按照时间和对文本分析的推进情况可以将整堂课分为三部分：收集问题—讨论问题—解决问题。划分区域记录板书，既保证了对学生发言的记录，又可以突出教学重点。整个过程都是以学生为主体的生成性学习，教师充当倾听者、记录者、引导者和参与者，师生之间是平等的关系，都是以学习者的身份和态度对待学习。

三、倾听与反刍

反刍本指食草类动物的倒嚼行为，但这里所说的反刍是指学生的学习行为。可以理解为，学生在学习中遇到困难时，需要对文本进行再次学习，需要对之前的认知进行再次思考的过程。记得有这样一个比喻，学生学习语文就好像牛羊们寻找水草一样，高明的教师（牧人）只要带着他们找到一处水草丰美的地方尽情地享受，然后再慢慢地反刍。这样的教学境界是很美的，既能让学生深入文本激发思考，又能让学生在这个过程中享受学习，岂不美哉！

倾听是为反刍服务的，倾听是反刍的前提，决定了反刍的质量。学生所有的发言不都是有价值的，但是学生所有的发言教师都要认真倾听。教师要学会从纷乱复杂的回答中，从不同的观点的表述中，发掘最有价值的内容，然后再引导学生到文本中反刍。单纯的倾听不是难事，但要听出问题、听出门道来就不简单了。教师必须对文本有深刻、透彻的解读，否则很难分辨出学生的回答是否有价值。

1. 有争议的内容需要反刍

分歧和争议是学习深入的表现，也可能是使教学走向深处的导火线。遇到分歧和争议并不可怕，可怕的是教师用一言堂来扼杀分歧，终止争议。教师要做学生的引路人，而不是学生前行路上的"挖坑者"。

例如，在分析卖油翁的人物形象时，学生有了分歧，如果教师对文本没有一定的深刻认识，可能就会认为卖油翁就是"谦虚低调"的。但是仔细分析"睨之""但微颔之""我亦无他，惟手熟尔""以我酌油知之"这些行为和语言，又觉得这个形象也并非完全的谦虚低调。当学生提出了质疑，教师不用急于否定或者肯定，这其实就是一个反刍的绝佳机会。不以任何人的言论（包括教师）作为标准，任何人都没有直接否定别人回答的权利，所有的争执都需要在文章中寻找依据。如果能借此深入文本，并能使学生重新认识文本，这样的问题就是好问题，反刍就是要针对这样的问题展开。

反刍是一个解决问题的过程。在提出问题之后，教师需要引导学生到文本中寻找依据，这就是第一次反刍。如果同时有几个问题，那么学生可以根据兴趣选择其中一个作为深入研讨的对象。在与同伴进行协同学习的时候，可能会在某个问题上产生分歧，这时候就有必要进行反刍。教师可以通过约定来指导学生在组内进行反刍学习，例如，当双方产生争执且各执观点时，可以让对方提出能证明自己观点的依据。当问题悬而未决时，可以将问题交给教师和全班同学，大家一起解决。这是一次主动的反刍，当然反刍有时候也会是被动的。对于某些问题，学生的认知水平决定了他们只能停留在文字的表面无法深入文本,这时候教师就有必要站出来,带领学生一起反刍。

例如,在研究卖油翁为什么要"以钱覆其口"这个问题时,学生马上想到的是他想通过给自己制造困难来突出自己高超的本领。说实话学生能说出这样的答案已经非常不错了,但是教师却不能停留在学生回答的这个层面。教学就是要以他们的认知作为起点,在倾听完他们的想法之后,带着学生往前走一步,再走一步。虽然看上去学生是被动地接受反刍,但是反刍的起点是他们自己对问题的看法。当然决定着教师能否带着学生向前走、往哪里走的关键还是文本解读。

2. 认识肤浅的内容需要反刍

学习文章内容、解读文本,不能只看作者写了什么,为什么写,还要看作者没写什么,为什么不写。只有全面分析,才能真正走进文本深处,发现作者在文字内构建的桃花源。文章写卖油翁"酌油"的片段,可以说是这篇文章的精髓所在,卖油翁说完"以我酌油知之"后,"乃取一葫芦置于地,以钱覆其口,徐以杓酌油沥之"。这里可以带领学生从两个途径来分析这段描写,一个是从字面入手,"覆"字可以看出他的胸有成竹,"徐"字可以看出他的气定神闲,而"钱不湿"的结果则更显出他的技艺高超。这是细读过程,需慢慢品味方能从文字中读出一种美,这种美是卖油翁"酌油"的技术之美,也是作者的描写之美。还可以带领学生从生活经验的角度去分析这段文字,在教学中为了让学生体会到文章的炼字之妙,我让学生当了一把"卖油翁"。

准备一个矿泉水瓶和一个水杯,让学生学着卖油翁的动作"取、置、覆、酌",将水杯里的水倒进放在地上的矿泉水瓶,要求是尽可能不让水洒到瓶外。学生拿着水杯往瓶中注水的时候,我问他:要想倒进去且"瓶不湿",你认为对于你来说最重要的一个环节是什么?这位同学想了一下说,应该是"瞄准"。这时候同学们也都恍然大悟:作者的妙笔生花不仅在于写了一个"覆",更关键的是少写了一个"瞄",卖油翁"不走寻常路",足见其艺高人胆大。而作者忽略了这个"瞄"字,更是把卖油翁的形象塑造得活灵活现、神乎其神。王荣生教授一直强调,文言文的教学关键是抓住作者在炼字和章法上的独特之处。

  从体验的角度反刍文章的炼字，将文本与学生的生活经验相连接，让学生既体会到了作者的匠心所在，又丰富了生活经验，还提升了学习兴趣，可以说这次反刍是"一石三鸟"。

  有争议的内容需要反刍，理解肤浅的内容需要反刍，主动反刍是养成批判性思维的好方法，被动反刍则是学习的奥妙所在。学习就是在一次次的反刍中不断地向文本深处漫溯，向作者内心世界前行。重新认识文本，重新理解作者，重新认识自己，学生就是在这样的过程中不断成长进步的。

  佐藤学教授在《教师花传书》中这样说："我总是希望教师在养成'匠人气质'的过程中遵循以下三种规范：其一，注重对每一位儿童的尊重；其二，关注教材的可能性与发展性；其三，注重自身的教育哲学。"[①]串联、记录、反刍就是在遵循了这三种规范之后，逐渐养成的"匠人气质"。"串联、记录、反刍"都需要依靠倾听来完成，它贯穿了整个教学过程，是促使学生学习真实发生必须经历的过程。

[①] 佐藤学.教师花传书[M].陈静静，译.上海：华东师范大学出版社，2016.

在"对话"中学习对话
——以《老王》的教学为例

《老王》是一篇耐人寻味的叙事性散文,作者杨绛通过描写与老王交往的几件小事回忆了这个不幸者。在卓越教育家培训项目"走进李百艳老师工作室"的活动中,我执教了《老王》,旨在探索如何借助"对话"组织教学。

一、认识对话及对话教学

对话的含义十分丰富,就字面意思而言,对话就是指两个或更多的人用语言交谈;也指对立或无联系的国家、集团等之间所进行的接触或谈判;还指政府机构负责人与群众就某些问题交换意见的谈话。俄国文学理论家、批评家米哈伊尔·巴赫金认为"生活就其本质说是对话"。与对话相反的是独语。对话既是目的又是方式,强调对话参与者的投入,没有使对话参与者产生变化的交谈不能称为对话。对话教学,就是以对话为原则的教学方式。更进一步讲,对话教学就是追求人性化和创造性质的新式教学思维和理念。教学中的对话不是简单的问答,也不是越多越好,更不一定要达成一致。

最早使用对话教学的应该是中国的孔子和古希腊的苏格拉底这两位先哲,孔子"不愤不启,不悱不发"的教学思想至今还具有一定的实用价值。苏格拉底使用的教学方法被称为"产婆术",通过双方的交谈,在问答过程中,不断揭示对方谈话中自相矛盾之处,从而逐步从个别的感性认识,上升到普遍的理性认识、定义和知识。

在色诺芬的《回忆苏格拉底》中,记述了苏格拉底与学生进行有关"正义"和"非正义"的对话,在这个对话中,苏格拉底就采用了"产婆术"这种方法。苏格拉底要求学生列出两行,将正义的行为归于一行,非正义的行为归于另一行。他首先问:虚伪归于哪一行?学生答:归于非正义的一行。苏格拉底又问:偷盗、欺骗、奴役等应归于哪一行?学生答:归于非正义的一行。苏格拉底反驳道:如果将军惩罚了敌人,奴役了敌人,战争中偷走了敌人的财物,或作战时欺骗了敌人,这些行为是否是非正义的呢?学生最后得出结论,认为这些都是正义的,而只有对朋友这样做是非正义的。苏格拉底又提出:在战争中,将军为了鼓舞士气,以援军快到了的谎言欺骗士兵,制止了士气的消沉;父亲以欺骗的手段哄自己的孩子吃药,使自己的孩子恢复了健康;一个人因怕朋友自杀,而将朋友的剑偷去,这些行为又归于哪一行呢?学生得出结论,认为这些行为都是正义的,最后被迫改变了自己原来的主张。

按照米哈伊尔·巴赫金的标准,苏格拉底不但让参与者投入了,并且改变了他们,应该是一次典型的"对话"。从教学过程来看,学生们在回答问题的过程中陷入了两难境界,在不断否定自我的过程中重新认识了"正义"的含义,最终从感性认识上升到了理性认识。苏格拉底的这种教学方法,是以制造矛盾的提问为手段,以提升(改变)学生的认知为目的的教学方法,现在依然可以在教学中使用。

《论语》中有一篇文章叫《侍坐》,写了孔子跟他的弟子在一次学习活动中的对话。在这次对话中,孔子是作为一个倾听者的形象出现的,他说"以吾一日长乎尔,毋吾以也。居则曰:'不吾知也。'如或知尔,则何以哉?"大致的意思是,今天你们说我听,如果有人想要了解你们,你们又想做些什么呢?接下来,孔子的几个弟子开始畅所欲言。从这件事中我们可以看出,老师放下架子,放低姿态,才有了后面的畅所欲言。

所以说,对话的基础应该是对话双方要平等。如果双方的关系是不对等的——我(师)问你(生)答,那应该是"问话"而非"对话"。那么在教学中我们又该如何开展"对话",让学生在与文本对话、与同伴对话以及与教师对话中得到提升呢？接下来我将结合《老王》这节课的教学谈谈我的理解。

二、教师、学生和文本在"对话"中的关系

　　教师与文本、教师与学生、学生与学生、学生与文本之间应该是一种平等互惠的关系。所谓"平等"即没有等级、优劣之分；所谓"互惠"即各对象之间要在对话中实现各自的价值，达成预期的目标。师生之间的互惠就是教学相长；生生之间的互惠就是要实现双赢；教师、学生与文本的互惠是指解读要力争站在作者的高度，实现对文本的合理开发。

1. 教师与文本的对话

　　在上《老王》这节课之前，我已经做了很长时间的文本解读和教学内容转换的研究了，写了很多思考性的文字，也总结了一些文本解读和教学设计的方法。所以，上课这一过程，应该是我对文本解读和教学转换的研究的一种呈现。在我的头脑中一直有两个问题：一个是"如何平等地对话"，另一个是"如何让学生从文字表面进入文本深处"。这两个问题不矛盾，但也不好把握、融合，中间的度很难拿捏。如果一味地尊重学生的理解，而没有适当的引导，那么即便是再多的信息都被找到，也可能还只是浮于表面的信息的罗列罢了。而如果一旦教师介入的时机不对，引导的路径不佳，就会给人一种生拉硬拽的感觉，"对话"就成了形式，"平等"就成了幌子。

　　在对文本进行了深入的解读之后，我决定以杨绛和老王的关系切入。杨绛和老王的关系是十分微妙的——她对老王的情感和老王对她的情感是全然不同的。作者作为一个生活安逸的知识分子，对一个生活在社会底层的普通劳动者有着同情和恻隐之心，但仅限于这种同情，并没有掺杂其他的情感。但是老王在与作者一家接触和交流之后，渐渐地把她当成了朋友，甚至是亲人。这种情感上的错位，导致这两个人在行为上的矛盾和反常——主顾不像主顾，朋友不是朋友，亲人不像亲人。

　　像这样带有矛盾冲突的问题，学生在回答的过程中一定会产生碰撞。有

了这样的解读和对学生的了解，我将这节课的核心问题确定为："我"和老王是什么关系？在文中找到依据。

2. 教师与学生的对话

师生间的对话往往是借助文本这个媒介发挥作用的，教师对文本的解读和设计影响学生的思考与认识。只有教师对文本理解的越深刻、越透彻，才能在教学时与学生对话越从容、越自然。虽然有教学设计，但却不应该按部就班，而是随着学生的思路游走于文本的字里行间。学生在教师的引导下不断提升自己的认识和见解，会对文本产生一定的反作用，从被动的知识记录者到文本的建构者。其结果是学生的某些想法和见解，也会影响教师的理解，达到教学相长的效果。

例如，在讨论作者与老王是什么关系的时候，学生的认知随着对文本的解读不断地深入，开始有一组同学认为"我"和老王是朋友关系。后来又有一组同学虽然没有明确二人的关系，但是接连提出三个很有难度也很有价值的问题：

学生1：老王家境贫寒但是却给"我"（不贫寒）送香油和鸡蛋，这是为什么？

学生2：老王来"我"家送鸡蛋的时候已经病得很严重了，可是当"我"询问"啊呀，老王，你好些了吗？"的时候，他却只"嗯"了一声。老王为什么要掩饰自己的病情呢？

学生3：老王除了给我送鸡蛋，还帮我送墨存去医院，给我们送冰等，但是老王却一直都不要钱或者车钱减半，可是"我"却一直要给老王钱。但是后来老王死了，"我"为什么会有"愧怍"之感呢？

在几位同学提问完毕后，我并没有直接一一回复他们的问题，而是带着同学们先回顾了一下以上三个问题。同学们对"我"和老王的行为都十分反常这一事实达成了共识，在此基础上，我再次把问题引回了"我"和老王到底是怎样的一种关系，让学生进一步在文中反刍。说实话，当面对学生提出的这三个问题的时候,我也是有些忐忑的,因为每一个问题都不是三两句话能说清楚的,所以这个时候教师和学生都有必要重新回到文本中反刍。

《学记》给出过精辟的阐述:"君子之教,喻也。道而弗牵,强而弗抑,开而弗达,道而弗牵则和,强而弗抑则易,开而弗达则思。和易以思,可谓善喻也。"意思是说要引导学生而不要牵着学生走,要鼓励学生而不要压抑他们,要指导学生学习的门径,而不是代替学生作出结论。道而弗牵,师生关系才能融洽、亲切;强而弗抑,学生学习才会感到容易;开而弗达,学生才会真正开动脑筋思考。做到这些就可以说得上是善于诱导了。启发式教学思想的精髓就是发挥教师的主导作用、诱导作用,教师向来被看作是"传道、授业、解惑"的"师者",处于主导地位。这种教学思想注定了教学中的教师的主导地位和启发性特征。

上文中提到的苏格拉底的"产婆术",就是教师引导学生在不断地否定自我中提升认识。上海市建平中学的语文特级教师郑朝晖老师,把随着学生的思路组织教学的方法称为"随物赋形"。

3. 学生与学生的对话

学生间的对话往往是由问题触发的,无论是在组内讨论还是全班性的交流,他们都可以就某一问题发表相同或不同的看法。组内的对话属于微观范畴,往往要近身完整地观察,才能有一个相对合理的判断;全班性的对话是宏观范畴,更容易把握。

教师要引导学生在对话中学会倾听和接纳,也要学会批判和坚守。对话的原则依然是平等互惠,不以主观判断为标准,不在组内缔结情感联盟,所有的观点都要有依据,没有依据的观点即便是说再多也站不住脚。另外,学生在对话时,也要有责任意识,每位成员都要贡献自己的智慧和力量,不能推脱自己的责任,更不能放弃自己的权利。

这堂课中学生的对话既有微观的组内对话,也有宏观的全班性对话。但由于组内对话没有录像、录音,故难以呈现。在全班性对话中,学生彼此间是有互补和串联的。

4. 学生与教材的对话

学生与教材的对话发生在上课前、上课时和上课后。课前的预习是学习的前提和保障，预习得越充分，上课表现得就越自信。学生在整个学习过程中有三次成长的机会，课前的预习是第一次成长，课上的学习是第二次成长，课后的训练是第三次成长。第一次成长要靠自己获得，第二次成长要靠师友的帮助，第三次成长则是建立在前两次成长基础上的成长。这三次成长的轨迹应该是连续的、有梯度的，但是如果学生由于课前的充分预习而在上课时没有获得新知识、新感悟、新技能，那么就可以说他没有通过学习获得成长。

在上《老王》这堂课时，当学生在提出"朋友"关系之后，又有学生提出了一连串的问题，这时候我并没有告知答案，而是让大家重新回到文本寻找证据。有了这次与教材再次"对话"的基础，学生又得出一个结论：他们之间是"主顾"的关系。当学生得出了"朋友"和"主顾"这两种关系后，我再次引导学生看待二人的反常行为，于是学生既否定了"朋友"关系，又否定了"主顾"关系。当学生再次陷入迷茫的时候，我再次让学生重读文本，与文本对话。最终一位同学认为，老王对"我"的情感和"我"对老王的情感是不一样的。"我"是出于同情，而老王则错把这种同情当作"友情"，所以才会死前给"我"送香油和鸡蛋。

教师、学生与文本之间构成了一个稳定的关系，按照平等的原则，师生皆可发起"对话"——提出问题。教师可以抛出自己预设的问题，学生也可以抛出自己存疑的问题。教师发起对话的时候，学生必须以文本为依据，在寻找解决问题的"答案"时，完成与文本的对话。学生发起对话之时，教师可以将问题反刍到文本中，再经由文本踢回给学生。具体步骤如下图所示：

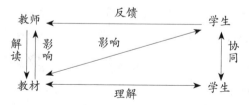

三、"对话"在教学中的规则和方法

我经常在观课时发现教师和学生根本不在同一"频道",教师和学生无法达成应有的默契。原因不是学生基础差、能力弱,关键是教师提供的指令和问题本身就是模糊不清的,才会导致教师往东学生往西的现象发生。教师随意地问、琐碎地问,学生则是随意地说、天马行空地答。因此,要想让"对话"在教学中充分发挥作用,教师和学生都必须明确对话的规则和方法。

1. 对话的规则

课堂上的对话主要发生在组内或者组外。

就组内来说,小组内成员间应围绕同一话题(问题)展开对话,如果组内成员无法就话题(问题)达成一致,可以先以倾听者的身份加入讨论,待一个话题(问题)讨论完毕后,再进行下一话题(问题)的研讨。组内对话时可以有赞成或者反对的观点,但无论是赞成或者反对都要提供依据和理由。具体对话的表述语可以是"我支持你的观点,我的理由是……""我反对你的观点,我的理由是……"或者"你有什么依据吗"。争论要有理,反驳要有据,讨论不能脱离文本。例如对"我"与老王的关系的讨论,可能在组内会有些争议,那么就可以用这样的方式进行"对话",保证理性分析的同时也要保证每一位同学的发言权。说到发言权,作为组内的成员都应该有发言的权利和义务,组内不设组长和发言组织者,发言按顺序,不得霸占话语权。提出依据或者理由时都要受时间限制,不能无限制无目的地乱说。

组外交流以倾听为前提,待听清楚他人的问题或者观点后,再发表自己的见解,同样也要有理有据。当一个问题讨论结束后,如果还有意见想继续陈述,可以视时间而定,如果时间允许可以把问题向深处推进,如果时间不够,可以留作课下讨论。

2. 对话的方法

教师可以通过提问、追问、反问等方式,通过"对话"来提升学生的思维。提问可以是由教师提出问题,也可以是教师转述学生的问题。例如《老王》这节课中的核心问题就是由教师提出的,这是教师与全体同学的对话，因此这个问题要兼顾各个层次的学生，要让他们都有话说，都能说话。所以，这个问题的指令必须清晰，还要能引发学生与学生、学生与文本的对话。

"追问"是在学生回答问题的过程中，表述不清、不全、不深之时，教师为了引导学生进一步思考而采取的措施。例如，一位同学在分析老王送"我"香油和鸡蛋的文字时，认为"我"没把老王当朋友，所以才会给老王钱，并且十分想快点把老王送走，所以才用了"赶忙"和"忙"这样的词。这位同学抓住了文章中能清楚地揭示"我"跟老王并非"朋友"关系的内容，但他却没有想过作者写老王临死前来给"我"送香油和鸡蛋与"我"对老王的愧怍之间的关联。为了让学生们的思考能更加全面和深刻，我在这位同学回答完之后追问道：这件事与"我"后来的"愧怍"有关吗？

"反问"是在学生提出问题之时，再把问题抛给学生，这样做并不是为了难为学生，而是让他对问题进行再思考，告诉他在向他人求助的时候自己也要努力地思考。例如一位同学在分析老王来送香油和鸡蛋的内容时，提出了一个问题：为什么老王要用一个"嗯"字极力掩饰自己的病情呢？这个问题问得很有意义，一个将死之人知道自己大去之期不远的时候，还要亲自登门来给"我"送香油和鸡蛋，这是多么大的情意啊。但是"我"却不懂，也不曾想过老王的"古怪"，原因是"我"根本没把老王放在心上，老王恰恰是把"我"放在了心上。这种强烈的反差使得"我"每想起这件事"总觉得心上不安"，几年之后这种"不安"渐渐地变成了"愧怍"。为了让学生能进一步思考这个深刻的问题，可以用反问的方式，把问题又抛给学生：你以为老王想掩饰的只是他的病情吗？老王又为什么要掩饰呢？学生的问题是顺着文本的思路，对文字表面意思进行一种反馈，而教师的反问则是逆向思考，关注更深刻的人物动机。这样一来，又把学生引回了文本，开始重新看待老王的种种反常行为，他在掩饰什么呢？在他掩饰的背后，是怎样的一种心理呢？作者这样写又是为什么？一系列的问题就摆在了学生面前，于是又呈现出一番深刻的学习和讨论。

除了提问、追问和反问，当然对话的方式还有很多，但是无论哪种方法都要以促进学生的思考为目的，否则纵使对话再多也无意义。

四、对话的作用和意义

一个善于学习的人一定是善于"对话"的人，对于学生而言，不管是跟谁对话，用什么方式对话，他（她）总是能从中得到收获。发起对话可以培养自己的问题意识和语言组织能力；参与对话可以锻炼自己的表达能力和团队意识；倾听对话可以引发自己的思考，提升自己的见解。

对于教师而言，与文本和学生对话的过程也是一个自我进化的过程。与文本对话考验的是教师的解读能力，与学生对话考验的是教师的专业素养。一个优秀的教师应该像苏格拉底那样，在对话中提升学生的认识和思维品质。

伽达默尔说："虽然我们说我们'进行'一场对话，但实际上越是一场真正的对话，它就越不是按谈话者的任何一方的意愿进行。"[1]这句话告诉我们真正的对话是不可预设也不受控制的。王尚文教授认为，教育必须由目标引导，教育必须有教育性。[2]也就是说，对话虽不可控也不可预设，但是它可以被引导。教师无法左右对话的内容，但可以选择对话的方向和手段。我可以选择通过讲解的方式让学生理解老王与"我"之间的更深的关系。但我选择了引导学生分析"主顾"和"朋友"关系的不确定的原因，作为进一步探索文本的路径。这是基于对学情的把握，他们能通过自己的分析合作探究理解到这个层次已经很不容易了。当然，理解了"主顾"与"朋友"关系的情感"错位"，也就可以理解"愧怍"的原因。所以，在教学过程中也要有取舍的观念。

从一个主问题的提出，到找到解决问题的路径、手段，这是解读文章的必由之路。而这个过程中的对话就是催化剂，它催化了学生对文本的深入理

---

[1] 伽达默尔.真理与方法（哲学诠释学的基本特征）[M].洪汉鼎，译.上海：上海译文出版社，2004.
[2] 王尚文.走进语文教学之门[M].上海：上海教育出版社，2007.

解。教师如果不能抓住时机，就有可能造成讲课拖沓、在文本外围绕圈子等问题。因此，这个时机的把握就显得尤为重要。

"对话"对于教学而言是没有止境的。对于语文教学而言，教师、学生和文本三者之间在"对话"的过程中，都保持着相对的独立，又互相影响、彼此促进。三者间的"共生"关系越是稳定，越容易开展对话。基于此，无论是教师还是学生，都应该以开放的态度，在"对话"中学习对话。

叙事类文本的解读与写作素养的培养
——以《藤野先生》的教学为例

大学刚毕业那会儿，教学生写作文总喜欢把大学里学到的理论和方法讲给学生。什么"草蛇灰线，千里伏脉"，什么"开门见山，巧设玄机"，讲了一通之后发现学生并不买账，该写什么还写什么，该怎么写还怎么写。后来工作了几年，又喜欢让学生摘抄好词好句，仿写好句好段。这个要求学生是很喜欢的，很认真地准备漂亮精美的本子，然后工工整整地抄上自己喜欢的词、句、段，还有同学为之配上了图画，很是精美。但是抄了几年下来，学生的作文也并未像想象的那样，大多数同学的文章还是"流水账""假大空"，更不要提什么好词好句了。那时候深感做老师的失败和内疚，怎么教学生写作文就这么难呢？现在想来，大学刚毕业的时候是因为自己缺乏经验和积累，教师的理论和实践是脱节的，而高大上的理论对中学生来说是遥不可及的，所以学生很难从学习中汲取写作的营养。还有就是学生认识的问题，常言道"学以致用"，学的目的就是为了用，但是现实中学生们学的目的可不光是为了用。为了完成任务，为了让老师满意，"积累"成了摆设，根本没用到写作上。由此可见，老师要教好作文，先要自己搞清楚作文教学到底该怎样教；学生要想学好作文，就需要转变思想，不能只一味地摘抄积累，还要尝试着用。作为教师我们不能不思考：为什么我们的阅读教学并不能为学生的写作提供丰富的营养？为什么我们的作文教学不能让学生的写作能力得到提升呢？

一、写作素养的主要获得途径

我们不妨先来看看学生要怎样才能写出一篇文章,首先你要准备一些材料,其次要根据需要对材料进行适当的取舍,最后用语言将这些材料组合成一篇文章。就好比做一道菜,材料准备得都一样,但是不同的厨师做出来的味道就是不一样,这是为什么?这同写作一样,不是简单地把材料组织在一起就成功了,还有很多只可意会不可言传的东西。但就我自身的写作经验来看,材料的取舍、语言的组织以及文章最重要的"灵魂"——主旨,这些内容是构成一篇好文章的最基本的要素。这是老师和学生都明了的,但是为什么大家还是写不好呢?经常听到这样一些声音:学生的作文不用教;作文教不教都一样;甚至还有人说,教了还不如不教。这些老师的声音,反映出他们对作文教学现状的一种无奈和悲观。哪有老师不想教好学生的?学生不是天生就会写文章的,所以,学生作文写不好跟老师的"教"有着莫大的关系。

以上海的语文课为例,一学期明确要求学生所写的大作文不得少于六篇,小作文姑且不算。我们不妨先算一笔账,如果一个学期有18周的话,每周5节语文课,那么就是90节正课。而六篇作文最多占用12个课时——一课讲一课写。这样基本占总课时数的七分之一左右,而作文在日常测试和中考所占比例却远远超过七分之一,由此可见当前的作文教学的时间是远远不够的。那么是不是说,我们要放弃其他教学内容主教作文呢?我算这笔账是想让大家清楚我们应该更重视作文教学。我认为重视写作能力的培养应该在教学中分两步走:第一步,在阅读教学中潜移默化地培养学生的写作素养,或者说阅读教学的主要目的应该是指向写作素养的培养;第二步,在作文教学中将在阅读中潜移默化积累的内容具体落实。将这个思路反推,就是要想走好阅读教学这一步,需要教师在解读文本之时有服务写作的意识,并且在教学设计中体现这种意识。文本解读不能仅仅停留在"读"的层面,它最终所指向的应该是"写",只有把读到的东西落实在笔头上,才能真正地将之转化为能力。本文我将以《藤野先生》的文本解读和教学设计为例,谈谈如何在阅读教学中培养学生的写作素养。

二、叙事类文本教学解读的三个关键

初中生写作主要是以记叙文为主,《义务教育语文课程标准》(2011年版)明确指出:"写记叙性文章,表达意图明确,内容具体充实。"为了达成这个目标,老师们往往会利用作文课讲解如何审题立意,如何选材,多是从理论和写作技巧入手,力求通过一两节课就让学生明白。老师们也清楚,短时间内很难实现这样的目标。然而让人感到无奈的是,这样的作文课又是没有任何序列的,随意性很强,讲审题立意往往是只讲如何理解文题,讲选材又是只讲如何选择发生在生活中的新事件。所以作文教学总给人以可有可无的感觉,对学生来说,一两节课也无法获得好的思路或灵感,往往是只会写老师讲过的"这一篇",换个题目又不知如何下手。

在叙事类文本的解读中我们要关注对材料与主题的整体把握,文中的"我"的思想(情感)的转变以及语言的表达。

1. 理清材料与主题之间的关系

《藤野先生》收录在《朝花夕拾》中,是鲁迅先生的一篇回忆性散文,历来被认为是研究鲁迅先生思想转变(弃医从文)的重要"文献"。其实教材中的回忆性的散文所占比重还是很大的,尤其是精选了一些名家大家的经典作品,例如朱自清的《背影》、史铁生的《秋天的怀念》、汪曾祺的《昆明的雨》以及吴伯箫的《灯笼》等等。我们读这些作品时往往喜欢挖掘文章的主旨,把解读内涵作为教学的一个重要的目标。如果就阅读教学而言,这样的目标是无可厚非的,但是要想利用这样的经典作品来培养学生的写作素养,那么我们就要在解读的过程中将材料和主题紧密地结合起来。

就拿《藤野先生》来说,这篇文章的主旨是存在一定争议的,有人认为这是一篇赞美藤野先生高尚人格、怀念恩师的文章;有人认为这是一篇具有爱国情怀的文章;还有人认为二者兼而有之。我认为这篇文章的主旨应该是师生情与家国情的融合。如何得出这个结论的呢?要从材料入手。

我们先来梳理一下文章的内容。第一部分：1—5段写"我"从东京到仙台学医（见藤野先生之前）；第二部分：6—35段写"我"在仙台与藤野先生的交往；第三部分：36—38段写"我"离开仙台，兼怀藤野先生。这种分法既可以按时间的推移，也可以按地点的转变来分。这三个大部分主要是围绕"我"与藤野先生展开，其间又包含了许多事件。

第一部分："我"对其他中国留学生的印象；去仙台路过的两个地方；在仙台住宿被"优待"。

第二部分："我"初见藤野先生；藤野先生帮"我"修改讲义；藤野先生指出"我"画血管的错误；藤野先生向"我"询问中国女人裹脚的事情；"我"被学生会干事用匿名信污蔑；观看影片事件；"我"与藤野先生辞别。

第三部分："我"收藏先生的讲义；"我"把先生的照片挂在寓居的书桌对面；"我"继续写为"正人君子"之流所深恶痛疾的文字。

纵观这些事件，我们不难看出第一部分是与藤野先生没有直接关系的内容；第二部分集中写"我"和藤野先生交往的事；第三部分与藤野先生有关但又不只是写藤野先生。写"我"去仙台的目的是"学医"，但在仙台却作出了"弃医"的决定，最后是回国"从文"。学医的目的是为了医治国人，但经过观看影片事件之后，"我"发现学医救国无望后改变了主意，而文末说写为"正人君子"之流所深恶痛疾的文字，则是用笔拯救国人思想的体现。所以整篇文章贯穿始末的是家国情怀，这一点是毋庸置疑的。而在其中又融入了"我"与藤野先生浓浓的师生情谊。

首先看先生对"我"的关爱：藤野先生帮"我"修改讲义；指导"我"画图；担心"我"有迷信的思想不肯解剖尸体；离别赠"我"相片及"惜别"二字。再看"我"对先生的怀念："我总还时时记起他，在我所认为我师之中，他是最使我感激，给我鼓励的一个。""他的性格，在我的眼里和心里是伟大的。"老师关心学生，学生感念师恩，这就是浓浓的师生之情。家国情是主线，师生情是辅线。正是藤野先生伟大性格的影响，才使得"我"的家国情怀更加浓烈，更觉"增加勇气"。

值得强调的是，教师在解读文本时，应该把材料和主题的关系搞清楚。

同时我们也要有探究和分析的意识，就选择材料而言，鲁迅在仙台期间与藤野先生交往的肯定不止这几件事，但从师生情和家国情的角度而言，这几件事绝对是最合适的。只有老师先搞清楚了，才能把学生教明白。

2. 读懂"我"的情感与思想转变

散文中的"我"不同于小说中的"我"，他往往是真实的人物，我们理解为作者自己。而读有"我"的叙事类散文，解读的关键就是读出"我"的情感与思想的变化。《背影》《秋天的怀念》无不是如此，《藤野先生》也不例外。如果我们按照人物线索来分析这篇文章，就会发现，"我"与藤野先生二人本是各自独立的一条线。两个人的关系是随着具体的事件和时间的变化而慢慢发生变化的，而"我"的情绪的变化则是贯穿了文章的始末，分析这个变化的过程有助于我们读懂文章，读懂鲁迅。

在去仙台之前，可以说"我"的心情是无奈的、痛苦的，否则"我"也不会离开繁华的东京和"同胞"而选择到一个"市镇"去学医了。这一点可以从"我"去仙台时路过的两个地名窥得一二，文中写"从东京出发，不久便到一处驿站，写道：日暮里。不知怎地，我到现在还记得这名目。其次却只记得水户了，这是明的遗民朱舜水先生客死的地方"。学界的解读是"日暮里"让人联想到崔颢的"日暮乡关何处是"，而产生日暮思归之感；"水户"是明的遗民朱舜水先生客死的地方，这里隐含了作者对他的敬仰之情，也是爱国情怀的自然流露。前者的解读我比较赞同，但后者我认为有些牵强。可将二者同看作是"我"离开东京坚定又略带伤感的心理的体现，至于有没有表现爱国之情可能就仁者见仁了。到了仙台"我"受到了优待——不收学费还有人为"我"的食宿操心，照理"我"应该是快乐的，但作者却用了"物以稀为贵"的类比，举了"胶菜"和"龙舌兰"的例子。可见，对于这样的优待，并没有让"我"感到舒心，或者说"我"对这样的待遇并不买账。至于怎么读到的，下面分析语言时会提到。

在见到藤野先生之前，"我"的求学之路是带着对东京的失望和弱国子民的自卑的。那么这种心理在见到藤野先生以后又是如何变化的呢？

初见藤野先生之时，作者先写自己看到的藤野先生，再写听到的藤野先生。藤野先生相貌平平,加之他穿衣不严谨的"掌故",作者对藤野先生的第一印象应该不是很好吧。作为一个弱国的在仙台的唯一的留学生,鲁迅在这里表现得十分小心、谨慎。当藤野先生主动找鲁迅询问能否抄写讲义的时候,鲁迅是这样回答的:"可以抄一点。"这个回答十分小心。然而当鲁迅再次拿到讲义的时候,他"很吃了一惊,同时也感到一种不安和感激"。"吃了一惊"和"感激"倒不难理解,因为"原来我的讲义已经从头到末,都用红笔添改过了,不但增加了许多脱漏的地方,连文法的错误,也都一一订正",这不仅是一个老师对学生的关照,更是一个日本人对中国人特殊的照顾。可是"不安"就不好理解了,"不安"在字典上的解释是:表示一种忐忑,心里有一种不舒服的情绪,多用于表示一个人干了错事后害怕被人发现的心理。这里的"不安"应该包含两种心理:一是面对老师如此细心的照顾,觉得学习压力很大,下文写道"可惜我那时太不用功,有时也很任性"就体现了这种心理;二是他之前对藤野先生的第一印象是不怎么好的,可能在心里曾对藤野先生有过轻视。上文说"他们的话大概是真的,我就亲见他有一次上讲堂没有带领结",他并没有对留级学生的话置之不理,而是选择"相信",相信就是对藤野先生有着不好印象的体现。所以当鲁迅拿到讲义时才会有非常细腻的情感——不安。

从这时开始,鲁迅对藤野先生的情感才开始慢慢转变,放下防备开始亲近了。从"匿名信事件"上,我们要看到鲁迅是在弄清楚了被诬陷的过程之后,选择将这件事告诉藤野先生,因为他信任藤野先生,也相信先生会帮助自己。还要看到鲁迅取得的成绩并非仅靠他的一己之力,还有藤野先生的关心和帮助。经过这件事之后,师生之间的情谊就更加深厚了。如果说文章在此之前都是写"我"的情感转变的话,那么经过看电影事件之后,开始着墨写"我"的思想转变。可以说鲁迅从中国东渡日本的目的就是为了学医救国人,从东京到仙台学医这一行为就是该思想的坚定体现,但是遭遇看电影事件之后,他清醒地意识到学医救国之路是走不通了。正如他在《〈呐喊〉自序》中所说:"觉得医学并非一件紧要事,凡是愚弱的国民,即使体格如何健全,如何茁壮,也只能做毫无意义的示众的材料和看客。"至此,他决定弃医从文，但是对藤野先生他是有所保留的，只是不想让老师过于难过罢了。这时候，鲁迅开始为老师着想了。一直都是藤野先生在关心鲁迅，此时，鲁迅也在关心老师了。以至于有了之后的惜别和怀念。

可以说，如果没有藤野先生，鲁迅也会弃医从文，因为拯救国人才是他的夙愿。只不过在学医的过程中，他作为一个异国留学生，能得到老师的关怀和帮助，这种情谊是弥足珍贵的。而在与藤野先生交往的过程中，鲁迅从他那里学到的不仅是医学知识，还有严谨的学风，宽容的涵养，挺身而出的正气和重情重义的情操。这些共同构成了藤野先生伟大的人格，鲁迅深受其影响。

在解读文本时要注意师生情和家国情的双线推进，在家国情之中包含了师生情。而这两种情又都是隐藏着的，要想不以空洞的说教的形式讲给学生，就需要在语言上下功夫，到字里行间去寻找和体会。

3. 把握质朴平实的表达方式

读文章尤其是大家的文章，决不能仅停留在内容和情感层面，一定要有学习语言表达的意识。好的文章的语言就像陈年的高度美酒，入口烈，回味醇。《藤野先生》这篇文章的语言风格十分平实质朴，是日常生活中比较常用的，这种语言的运用，使得这篇文章的亲和力更强，人们在阅读的过程中可以获得更好的阅读体验。

（1）"也"字里的弦外之音。

在一篇3000多字的文章里出现二十几个"也"字，照理是不足为奇的，但是仔细品味其中的一些"也"字，却暗藏弦外之音。文章开头便说"东京也无非是这样"，这个"也"表示同样，也有强调的味道。"东京也无非是这样"显然与东京相同的应该还有一个地方——国内（北京），那么在国内是怎样的一种状态呢？文中写道："但花下也缺不了成群结队的'清国留学生'的速成班，头顶上盘着大辫子，顶得学生制帽的顶上高高耸起，形成一座富士山。也有解散辫子，盘得平的，除下帽来，油光可鉴，宛如小姑娘的发髻一般，还要将脖子扭几扭。实在标致极了。"这段话中有两个"也"字，说明无论是在国内还是东京，这些人都是一样的赏花作乐。无论是以富士山作比还是对解散辫子的描写，都是对"清国留学生"的讽刺。这里的弦外之音是作者对他们十分失望，看不惯这些人的做派，不愿与之相处，所以才萌生了去仙台的想法。

"我"在仙台受到优待这一段中也出现了几个"也"字，文中写道"我到仙台也颇受了这样的优待"，这里的"也"字是相对前文的"胶菜"和"龙舌兰"说的，意思是说，"我"到了仙台受到了同"胶菜"和"龙舌兰"一样的待遇。但是这样的待遇真的好吗？白菜和芦荟都没有选择权，只是被人支配和摆布的物品罢了。而后文讲述的内容也确实如此，因此，这里的弦外之音暗示了一种无奈和不甘。

"我"将被学生会干事污蔑的事告知藤野先生时，"也"字也出现了。文中写道："我便将这事告知了藤野先生；有几个和我熟识的同学也很不平，一同去诘责干事托辞检查的无礼，并且要求他们将检查的结果，发表出来。"请注意这句话"有几个和我熟识的同学也很不平"，为什么会有"也"呢？这里的"也"是同谁而言的"也"呢？显然这里的"不平"是相对藤野先生而言的，只有藤野先生先"不平"，才会有"熟识的同学也不平"的表达。这是师生二人情感更进一步的关键事件，"我"将受辱之事告诉先生，先生也一样的"不平"，既有"我"对先生的信任也有先生对"我"的支持。在这件事之前，都是藤野先生主动找"我"，但在此之后却是"我"主动找先生了。

越是好的文章越是写得隐晦，虽然如此，作家们还是会留下一些蛛丝马迹供人解读。这时候不同的人解读出来的东西就不一样了，不同目的的人解读出来的东西也会不同。我们在这里通过一个"也"字，解读出作者的弦外之音，是想让学生意识到好的文字就像是构图巧妙的画，要给人留有解读的空间，不要事事说透。

（2）忠于人物性格的语言描写。

对于写人的叙事性散文，人物形象是无法回避的问题。这篇文章塑造了一个师者的典范——藤野先生，我们要学习的是作者如何运用忠于人物性格的语言来塑造这一形象的。

先看一处对话："'我的讲义,你能抄下来么?'他问。'可以抄一点。''拿来我看!'"这是作者初见藤野先生之后,他给作者添改讲义时的对话,作者并未对藤野先生说话的语气或者神态加以描述,说明当时藤野先生说话就是用的平常的语气,这种语气与他自我介绍之时的抑扬顿挫不同。一问一答,简简单单的师生之间的对话,并没引起作者的注意,但是拿到先生添改的讲义之后,作者是"很吃了一惊"。再看藤野先生修改作者画的人体血管图时所说的话:"你看,你将这条血管移了一点位置了。——自然,这样一移,的确比较的好看些,然而解剖图不是美术,实物是那么样的,我们没法改换它。现在我给你改好了,以后你要全照着黑板上那样的画。"无论怎么读,都读不出老师批评的语气。"你看"拉近了距离,"自然,这样一移,的确比较的好看些",这是先肯定了"画"的好看;"然而解剖图不是美术,实物是那么样的,我们没法改换它",这是科学的严谨;"现在我给你改好了",这是教师的帮助;"以后你要全照着黑板上那样的画",这是提出了希望。这并不是以批评为目的的教导,让作者日后回想起来倍感自责——"可惜我那时太不用功,有时也很任性"。

后文又写道:"他又叫我过去,很高兴地,仍用了极有抑扬的声调对我说道——'我因为听说中国人是很敬重鬼的,所以很担心,怕你不肯解剖尸体。现在总算放心了,没有这回事。'""担心、怕、总算、放心"这些词都能体现出他对"我"的关心。

质朴的语言,深厚的情感;平淡的叙述,浓浓的回忆。在这样的语言背后立着的是一个关心学生、治学严谨又不失亲和力的老师的形象。给我们的教学启示是,人物的语言不但要符合人物身份,更要符合人物的性格。一个老师该有什么样的语言,一个治学严谨、和蔼可亲的老师又该有什么样的语言,这是写作之时就该思考好的。同样的道理,在运用其他描写手法的时候,也是一样的。

(3)自然地过渡和衔接。

文章大大小小地写了十几件事,一共3000多字,读起来却感觉非常自然。事件之间的过渡和衔接就成了一个很重要的问题,理清楚这一点也有助于我们培养学生写作的条理性。

过渡是指上下文之间的转换，一件事结束，另一件事开始，中间的内容就是过渡。本文中的过渡主要是通过时间的推移和地点的转变自然地引入下一件事。例如作者离开东京到仙台，文章是这样过渡的："到别的地方去看看，如何呢？"然后下一段紧接着就说"我就往仙台的医学专门学校去"。此处的过渡语与其他不同之处在于，这种自言自语式的表达方式，非常自然地将读者的视线从东京转移到仙台，上下文形成了无缝对接。接下来的几件事情的过渡主要是通过时间的推移来完成，例如第10段开头的"过了一星期"，第20段的"学年试验完毕之后"，第24段的"有一天"，第32段的"到第二学年的终结"，第36段的"我离开仙台之后"，都是按照时间的发展将事件自然连接起来。

衔接是针对一件事的延续和发展而言的，例如在写讲义事件的时候，先写了藤野先生帮"我"仔细添改讲义，然后又写了藤野先生指出"我"画血管的错误。作者在第16段开头写道"可惜我那时太不用功，有时也很任性"，以反思的口吻继续讲述有关讲义的事件。

语言是教学的有力抓手，无论是分析人物形象还是体会人物情感，或者把握文章主旨，都需要把对语言的分析作为支撑。避免贴标签和告知结果式教学的最好的路径就是分析语言，这是教学叙事类文本不能回避的关键问题。

总之，在教师进行以渗透写作为导向的教学解读时，要先将"这一篇"进行解构，从宏观（材料主旨）到微观（语言），把文章读透，然后再进一步构思如何在教学中将所读到的内容慢慢渗透给学生。

三、教学实施建议

阅读和写作不应该是矛盾的，读的能力提高了，写的能力自然也会提高，但是不能为了写作训练或者能力提升的需要而把阅读课变成写作课。写作能力的提升应该是在阅读教学中潜移默化地进行，要先清楚这一点才能把阅读和写作有机地结合起来，从而培养、提升学生的写作素养。

1. 保证阅读教学完整性的原则

读写结合的教学应该有两种形式：一种是在阅读中渗透写作意识的教学，另外一种是把阅读内容当作例子进行写作训练的教学。《藤野先生》这样的叙事性文章，可以当作阅读资料来培养学生"读"的能力，因此，教师要在保证阅读教学的完整性的前提下渗透写作思想。据此，我们可以先制定一个读写结合的教学目标，在目标的导引下完成教学。

教学目标：理清材料与主题之间的关系，明确事件服务于师生情和家国情的主题的写作意识；通过品析语言把握"我"的情感变化与藤野先生的人物形象，明确在叙事类散文中"我"的情感变化以及人物描写应当服务于人物形象；感悟藤野先生高尚的人格对"我"的影响，以及"我"对藤野先生的感激与思念之情。

"理清材料与主题之间的关系"是师生共同完成的任务，"明确事件服务于师生情和家国情的主题的写作意识"则需要教师在完成这个学习任务之后给学生讲清楚，到底这篇文章的材料是如何服务于主题的；"品析语言把握'我'的情感变化与藤野先生的人物形象"是深入细致地学习这篇文章的关键环节，也是对主题的具体分析和落实，没有语言分析品评，在内容和情感的理解上就可能会出现生硬的贴标签式的理解。"明确藤野先生高尚的人格对'我'的影响，以及'我'对藤野先生的感激与思念之情"是写人记事类文章的基本抒情方式，有必要让学生明确此点。

整个教学目标可分为两个部分：一个是阅读教学要完成的任务，由师生共同学习完成；另一个是需要教师讲解的部分，也就是在阅读教学走向写作素养的培养的过程中，教师要有意识地将叙事类文体的特征反复渗透给学生。学要学得清楚，讲要讲得清楚，只有大家都清楚了、明白了，才能真正地把阅读教学中所获之心得运用于作文写作中。

2. 把握作品唯一性的原则

一篇文章可供教学的点是很纷繁的，教师需要有取舍能力，对教材进行合理使用。我们常说要讲好"这一篇"，再从"这一篇"扩展到这一类，这样举一反三让学生在实践和应用中提升能力。那么什么是"这一篇"？我的理解就是该文章（材料）具有唯一性原则，也就是最能体现这一篇文章特色的内容，包括形式上的特色和内涵上的特色。

鲁迅的散文，语言内容十分细腻，而且蕴含了作者十分丰富的情感。要想了解鲁迅的写作风格和作品的艺术特色，就必须依靠具体的语言。因此，教学《藤野先生》这篇文章的着力点应该是从平实质朴的语言中体会作者浓重的师生情和家国情。文章没有太多激昂的文字，也没有华丽的词藻，但抒发的情感却是浓厚而深沉的。这就是本文的一大语言特色，也可以说是鲁迅散文的主要特色。

文中作者的语言表达有这么几个特点：(1)在讲自己时多是采用冷静客观的叙述，无论是受到"物以稀为贵"的待遇，还是遭受学生会干部污蔑，作者都没有表现出很强烈的情绪波动。只是用"只得""可惜""也无怪他们的疑惑"这样的词句聊表自己内心的无奈。(2)在写藤野先生时作者的情感明显产生了波动，语言则表现出"直白"的特点。例如，在写回忆藤野先生给自己指出血管图错误的时候，他写道"可惜我那时太不用功，有时也很任性"，这句话明显带有悔恨之意。再如他直接赞美藤野先生"他的性格，在我的眼里和心里是伟大的"。(3)在写到国民的"劣根性"之时，文中的语言就变得沉重而又坚定，例如在描写观看影片事件之时，他写道"呜呼，无法可想"来表达自己的气愤和无奈。(4)在文末写藤野先生对"我"的影响时，语言就变得坚定充满斗志，文中写道："便使我忽又良心发现，而且增加勇气了，于是点上一支烟，再继续写些为'正人君子'之流所深恶痛疾的文字。"

当然文中也不乏生动的修辞，如比喻、类比的使用，细腻的描写，如人物的语言和心理描写，都是学习的重点内容。我们在处理教学时一定要让学生清楚，无论是修辞手法还是描写手法的使用，最终的指向一定是人物内心的情感，在写作时，绝不可为了修辞而修辞，为了描写而描写。

我们培养学生对语言的敏感性就是在培养他们的写作能力，只有会分析语言才能真正地会运用语言。这就是我们要从阅读教学中提炼出来的好的给养，能为日后的写作教学提供有力的支持。

3. 加强写作意识的训练

阅读教学之所以很难对写作教学起到辅助作用的一个原因就是读写"两张皮"，"读"是训练人的理解能力和思维能力的，"写"是训练人的逻辑和表达能力的。有时候我们明明是想到了而且觉得点子很好，但是要动起笔来却要颇费一番周折，甚至会觉得自己的思考根本不成熟而推翻之前的想法。而我们的阅读教学恰恰是只注重理解和思维的提升，讲完之后很少能将所学到的在实践中检验和运用。部编版的教材就对这种情况做出了很好的弥补，例如在这篇文章课后的"积累拓展"部分，编者为我们提供了一个很好的训练写作的路径——将原稿与改定稿进行对比，体会作者的匠心之处。当然这里说的"写作"并不是写一篇关于人物的文章，而是继续分析语言。这种分析是对课上内容的补充，同时也是进一步地训练学生语言的敏感性，在潜移默化中培养学生的写作意识。

冰冻三尺非一日之寒，写作文也是如此，它需要教师持续将读写教学有机结合以培养学生的写作意识。而最有效的途径就是在教学叙事性文本的过程中渗透写作意识，所以教师一定要先有这样的教学意识，并在文本解读的过程中向培养学生的写作能力方面倾斜。从备课到教学设计、教学实施及课后训练，教师要将写作意识的培养贯穿于阅读教学的始末。学生的写作素养就是在循环往复的熏染中慢慢提升的，写作教学之路很长，学生写作素养与能力的培养需要时间，其间没有终南捷径。

辑三　研课：从课后研讨
　　　反观文本解读

执果寻因做访谈
——小方同学在小组合作学习中表现的背后

小方同学是七年级的一名学生,也是我邻居家的小孩。今天的语文课上,我机缘巧合地坐在他旁边,开始也没认出来,看到他的名字后忽然想起是邻居家的孩子。现在写这篇文章不是因为他是我邻居的小孩,而是他在语文课上的表现引起了我的关注。

一、课堂观察

上课伊始,老师在多媒体上出示了一段文字,让大家猜猜文中所写的是班里的哪位同学。大家都产生了兴致,猜谁的都有,小方同学也饶有兴致地同旁边的小石同学交流着。可能是有我在场的缘故,他们讲话的声音都不大。导入环节结束后,老师交代了这节课的任务是学习运用人物描写手法,小方同学正襟危坐,认真地听着老师所讲的内容。

第一个讨论的问题是:选文(《背影》中父亲买橘子的片段)运用了哪些人物描写手法,突出了人物什么特点?身为组长的小石让大家说说片段中都用了哪些人物描写手法,当他看到小方的预习单后,对小方说:"你少了一种方法。"这时,前面两位同学也呼应小石说小方少写了神态描写。小方凑到小石的学习单前看了一眼,马上在自己的纸上写了"神态描写"。在接下来的讨论中,同组的小石和小李两位同学一直在交流,小方则专注地听着他们的交流并在学习单上记录着。在将近七分钟的讨论中,小方基本保持沉默，时不时地向小石同学侧目而视，始终面带微笑。

第二个讨论的问题是：《我的同学》（老师选取描写本班同学的文章片段）运用什么描写手法，突出了人物的什么特点？这个环节小方的讨论积极性明显比上个环节高，与斜对面的小李同学交流被描写人物的某个特点，还补充了小石同学的说法。

第三个讨论的问题是：从上述三位同学中选取一位你们最熟悉的同学，思考他身上最显著的特点是什么？应该运用什么人物描写手法来突出他的特点？经过商讨，大家选定了一位同学进行描写，由小石执笔，其他同学口述。这个环节小方参与的积极性更高了，他提到了这位同学性格开朗、乐于助人，小李同学注意到了这位同学的红领巾一会跑到脖子后面，一会歪在胸前，小石同学将他们的描述一一记录下来。其间，大家在运用什么描写手法上进行了讨论，最终商定运用外貌描写和动作描写并且要把"红领巾"的细节写出来。

小方同学在这节课上就像一个慢热型的运动员，随着比赛的深入而慢慢加速。值得注意的是，在这堂课上四个人的合作小组中还有一位小王同学，他自始至终都是面带微笑沉默着，好像专注地听着每位同学的表述，又好像与整个小组无关，自有一片自己的天地；小石同学应该是这个小组的核心人物，大家都围绕他展开讨论；小李同学也是一个关键人物，每个环节她总是第一个发言，而且说得有一定的道理，尤其是提出了"红领巾"这个细节，说明她是个头脑灵活、敢于表达且认真观察的同学。

听完课后我对小方同学产生了浓厚的兴趣，他为什么时而参与讨论时而不参与？参与的积极性为什么会越来越高？他平时上课也是这样吗？他是不是成绩不好所以不敢回答问题？他为什么不问清楚原因就盲目地把答案写上去呢？……一个个问题充斥着我的大脑，吃完晚饭后，我给小方的妈妈打了个电话，说要对孩子做个访谈，她欣然答应了我的请求，我决定对小方来一次"深度访谈"。

二、访谈记录

我到他家时大概是七点钟,他正在做作业。看到我来了他很有礼貌地站起来向我问好,我问他的作业完成情况,怕打扰他完成作业。他说作业快完成了,不会打扰的。听了他的话,我安心坐下和他交谈起来,接下来是我和小方的谈话内容:

问:我今天坐在你旁边时你是不是一下子认出我了?

答:是的。

问:那你在课上的表现会不会因为我的存在而受到影响呢?

答:不会,之前也经常有听课的老师坐在我旁边,习惯了。况且老师说把听课的老师当成大白菜就好了。(他回答时很开心,我便直接进入主题了。)

问:如果以 100 分计,这堂课你给自己打多少分?

答:80 分吧。

问:为什么是 80 分?

答:我把自己知道的都与同学进行了交流,也发表了自己的观点,但是有些别人想到的我没想到。

问:别人想到的你想不到的时候,你是什么感觉?

答:没什么感觉,把别人的想法记下来就可以了。

问:我注意到一个细节,小石说你少写了一种描写手法,你为什么不和他争辩或者问清楚一些呢?你们会不会在讨论时产生争论呢?又怎么解决呢?

答:有时候我也坚持自己的观点,如果有争论的问题大家一起商量,少数服从多数。

问:小石的成绩怎么样?

答:大约第 10 名。

问:你的成绩怎么样?

答:大约第 20 名吧。

问：你们平时关系怎么样？

答：我们是同桌，关系很好。

问：你平时上课会主动举手回答问题吗？

答：一般都是老师点名。

问：老师不点名，你会举手吗？

答：一般不会。

问：为什么？

答：害怕自己说得不对，有时候没考虑好会很尴尬，我本来也不太喜欢举手回答问题。

问：如果别人回答的问题你恰巧会，你会不会后悔或者自责呢？

答：那倒没有。

问：你三门学科（语数英）最喜欢哪门？

答：数学。

问：为什么？

答：做题时需要动脑子，做出来会很高兴。

问：那你在数学课上会不会举手发言呢？

答：会的。

问：那你在数学课上如果有一道题别人想到了你却想不到心情会怎样？

答：有些郁闷，我怎么就想不到呢？

问：你给数学课的表现打多少分？

答：90分。

问：为什么？

答：我一直在思考，注意力很集中并且能主动回答问题。

问：那你数学期末考试考了多少分？

答：95分。

问：语文呢？

答：83分。

问：为什么你很在意数学课，而语文课就有点无所谓呢？

答：(思考片刻)也不是无所谓(我意识到用词有点不当,马上更正为"不够主动")。可能是对语文不感兴趣吧。

问：学语文为什么没兴趣啊？

他想了一会儿,有些作难。我知道这个问题对于这个孩子而言可能太难回答了,就让他把语文书打开,跟他一起讨论了《背影》中的一个细节。我把其中关于朱自清的父亲买回橘子的片段给他复述了一遍,又讲到文中"紫毛大衣"的情节。我问他,紫毛大衣是什么时候做的？谁做的？他思考了片刻说应该是这次回家吧,文中说是他爸给他做的紫毛大衣。我说很好,那他父亲穿的什么呢？他回答,黑布棉袍、青布马褂和黑布小帽。我又问他,你发现什么了？他说,父亲没了工作,家境惨淡,还是给他做大衣、买橘子,可见他十分关心儿子。我又问他现在觉得语文还枯燥吗？他笑笑说,让你这么一说还真有趣。我又问他,以后该怎么学语文呢？他回答,要多动脑思考,多举手回答问题,要慢慢改变自己对语文的态度。

做完访谈,我对他说"谢谢你,耽误你这么长时间"。他笑笑说,"也谢谢你,让我对语文有了新认识"。在与他父母交流时,他妈妈说孩子喜欢学数学,在家里总是喜欢交流数学问题,做出一道题他很高兴,语文基本不谈。

三、分析与改进建议

问题一：小方为什么对第一个问题表现得十分平淡,基本不参与交流,而对第二个问题和第三个问题兴趣较浓,他上课的状态为什么会随着问题的变化而越来越投入呢？

分析：建构主义者强调,学生并不是空着脑袋进入教室的。所以,教学不能无视学生的这些经验,另起炉灶,从外部装进新知识,而是要把儿童现有的知识经验作为新的知识生长点,引导儿童从原有的知识经验中"生长"出新的知识经验。教学不是知识的传递,而是知识的处理和转换。由此可见，小方之所以对第一个问题反应比较平淡，可能是因为这个问题即是头脑中已有的经验（老师教过的内容），所以无法激起他过多的兴趣。

第二个问题老师很好地将学生已有的经验与现实生活结合起来，就产生了一定的化学反应。中国古代先哲荀子将学习视为一个"闻—见—知—行"的活动过程，为了完成这个学习过程，荀子认为可通过"入乎耳，著乎心，布乎四体，行乎动静"这几个环节实现。小方的积极表现就是"著乎心"，即把新旧经验联系起来，促进新知识的理解与理性知识的形成。而第三个环节小方更积极地参与其中就属于"布乎四体，行乎动静"了，当理论与实践相结合时，他在实践中获得了快乐，自然也就积极参与了。

所以，如果学生已有的知识储备无法与现实链接起来的话，那么储备可能永远都是"储备"。只有储备的知识在实践中得以运用，才能将知识转化成解决问题的能力，新知就是在这个过程中获得的。

问题二：小方同学为什么对数学的兴趣比语文要浓，如何让像小方一样的同学对语文产生兴趣并积极地举手回答问题呢？

分析：从访谈中可以看出，小方对数学已经产生了浓厚的兴趣，而这种兴趣对小方的学习心理和学习行为都产生了较为明显的影响。《教育心理学》一书指出，学习动机是激发个体学习活动、维持已引起的学习活动，并引导个体学习活动朝向一定学习目标的一种内部启动机制。学习动机一旦形成，就会自始至终贯穿于某一学习活动的全过程。因此，学习动机可以加强并促进学习活动，学习活动又激发、增强甚至巩固学习动机。显然，这是一个良性循环的过程。

那么小方为什么对语文学科没什么兴趣呢？从访谈中可见小方认为学习语文只需要记录老师及同学们的想法和观点即可，在他的意识中学语文不需要动脑子。可见小方在语文学习过程中处于相对被动的接受状态，在这个过程中无法将新旧知识连接起来，只是一味地记录知识和重复旧知识罢了。这样的学习方式自然不能让他对语文学习产生兴趣，语文成绩不高也就可想而知了。

会记录不会思考，能表达又没自信，是现代中学生比较明显的一个特点。学生习惯了将老师讲的知识点和解题方法记下来，对于大众化的考试来说，老师讲的内容是极具针对性的。学生从功利的角度来看，他们不需要花太多的心思，不用动脑筋就可以获得说得过去的成绩，那么久而久之他自然就不再思考了。

倾听、记录可能对解决考试的问题会有帮助，但只会倾听和记录却不动脑思考，可能就会影响学生的思维发展。那么在语文学习的过程中，如何才能让学生既会倾听，又学会动脑呢？教师可以做如下尝试：

1. 设计关涉学科本质的核心挑战性问题

从任课教师所设计的三个问题来看，前两个问题对于学生来说完成起来并不难，这时候教师采用"合作"的方式来完成教学的做法，可能就有流于形式之嫌了。那么，"合作"要解决什么问题呢？是不是所有的问题都要合作才能解决？不一定。在"学习共同体"的理论中，学生能够独立完成的任务应该由学生自己完成，而一个人无法完成或者完成会遇到巨大的障碍时，合作学习的意义和效果才会凸显出来。

人脑科学研究显示，一节课学生的"转换"次数不宜过多。频繁的"转换"会给学生带来巨大的损耗，对学生学习新知是不利的。基于此，我们强调一堂课的教学也要进行"顶层设计"——核心的挑战性的问题设计，即让学生跳一跳摘桃子。教师要根据学生的"最近发展区"，结合教学内容的特定价值和学科基本要求进行设计。牵一发而动全身，要让学生把已有的知识储备调动出来结合文本和具体材料解决问题。

改进建议：教师可以直接设计一个具有挑战性的问题，既然第一个问题学生们不太感兴趣，那不如将前两个问题合成一个更大的问题：参照《背影》中父亲买橘子时对父亲形象的刻画，以《我的同学》为题，抓住人物特征塑造同学形象。

2. 质疑和碰撞对生成新知更有益

上文在对小方同学进行访谈时，我问小方如果发生争执会如何处理，他回答我："有时候我也坚持自己的观点，如果有争论的问题大家一起商量，少数服从多数。"小方与同学的做法可能也是大多数同学的做法——如果发生争执就少数服从多数。上课、学习知识及辩论是非和晚上吃什么、给同学买什么生日礼物是两个性质的问题。后者可以用少数服从多数的原则来回避争执，但上课、学习的目的是回避争执吗？恰恰相反，只有在不断的争论和思维的碰撞中，人的思维才会得到高层次的提升和发展。

改进建议：在合作时可以让组员间用这样的方式对话"你的依据是什么？""为什么是这样而不是那样呢？""你说得很好，但我也有自己的理由"。此外，教师也要多设计带有认知冲突和挑战性的问题，这样学生在讨论时才会发生思维的碰撞。

3. 走近学生方能走进学生

一直以来，教师备课都是按照自己的想法或者教学参考来处理教材，很少关注学生的想法。他们往往是根据经验判断学生的学情，再根据自己的理解处理教材。什么内容是学生理解的，什么是不理解的，什么是该理解的，什么是不需要理解的。如果这些问题都不搞清楚，只凭着感觉、跟着别人（教参）走，那对学生学习语文也是弊大于利的。对像小方这样喜欢动脑子的同学，教学中就要给这样的同学提供机会和舞台，让他们动脑子。兴趣培养与知识传授的作用同等重要，不能重知识轻兴趣，也不能重兴趣轻知识。只有走近学生，了解他们的想法和学习感受，并用于改进自己的教学，才能想在学生之上，思在学生之前。

罗杰斯认为，促进学生学习的关键不在于教师的教学技巧、专业知识、计划、视听辅导材料、演示和讲解、丰富的书籍等，而在于特定的心理气氛因素，这些因素存在于老师与学生的人际关系中，教师要真诚对待学生，要尊重、关注和接纳学生。这一点在我与小方的交流过程中很好地体现出来了，在相对安全、自由和平等的情况下，小方在我的引导下用已有的知识（父亲是爱自己的儿子的）得出了新的认知（父亲在生活最困难的时候还给儿子做大衣、买橘子，对儿子的爱真是无微不至），而在他收获新知识的同时还获得了快乐的学习体验，产生了新的学习动机。

我的第一堂成熟的学习共同体的语文课
——从《爱莲说》说起

有了多次上《百合花开》积攒的教学经验,有了前测单和学习单的设计和使用,有了观察员对课堂的观察和我自己的课后反思,我对上《爱莲说》充满了期待和信心。一次次地尝试、一点点地调整,经过一段时间的经验总结,我知道我离学习共同体的语文课越来越近了。

选定执教《爱莲说》也是对自己能力的一次检验。此前所上的学习共同体的研讨课都是现代文,所以这次也想通过执教经典的文言文,检验一下学习共同体的理论是否适用。

一、基于学情确定教学重点

《爱莲说》是一篇脍炙人口的经典文言文,作者是北宋理学开山鼻祖周敦颐。文章多是短句,读起来朗朗上口,其中"予独爱莲之出淤泥而不染,濯清涟而不妖"更是传颂千古。全篇不到150个字,可以说是文质兼美。文章通过对莲花的描写,表达了作者对莲花的喜爱之情,以及洁身自好不与世俗同流合污的高尚情操。对七年级的学生来说,他们已经有了一定的文言文阅读基础,一般文章的字面意思是可以理解的,但对于一词多义、词类活用以及特殊句式的用法都还认知尚浅。在内容理解方面,学生很容易被课外的教辅书或者参考资料影响。他们放弃自我思考和解读,多是以机械的解题思路生搬硬套,套路式地回答问题。在写作手法上,这篇文章也是很有特色的,在表达对莲花的喜爱之情时还引入了"菊"和"牡丹",作为陪衬和反衬之用。"说"作为一种文体,第一次出现在教材中也要交代清楚。有了这些思考我开始解读文本,虽然这篇课文已经教过几次了,但我还是把它当作一篇陌生的课文来准备。先从熟读入手,不思考问题,只是反复阅读和批注,每次读都有新的认识。读到滚瓜烂熟,放下书再通观全文,很多片段的东西开始被串联起来。在解读文本的过程中,我着重关注了《爱莲说》中容易被忽视的几个细节:

(1)对于"自李唐来"的关注。这句话的解释是,自唐朝以来。粗读起来没什么不同,但把前后句连接起来就不同了。前一句说"晋陶渊明独爱菊",请大家注意两个词——"晋"和"独爱",晋朝指的是一个时间点,就限定在那一段时间内。而后文的"自李唐来"就不一样了,这是一个很长的时间段,从唐朝到现在,也就是宋朝,作者生活的时期。再请大家关注这个现象性问题——"世人甚爱牡丹"。这句话的翻译就不单单是"自唐朝以来,人们非常喜爱牡丹"了。它还暗含作者的弦外之音,"从唐朝一直到现在,人们都十分喜爱一种花——牡丹"。为什么要强调这个细节?我们先看后文,"予独爱莲"一句,这句话是在上文"自李唐来,世人甚爱牡丹"一句的前提下提出的,这又意味着什么?在一个世人甚爱牡丹的时代,作者却"异世独立",请注意不是"遗世独立",这就是他与陶渊明截然不同的处世之道,他并没有脱离这个社会,而是与之共存。

(2)对于"淤泥"象征义的弱化。一直以来我们都是强调"出淤泥而不染"的莲花,作者赋予它君子的称谓,而我们却更看重它"洁身自好,不与世俗同流合污"的品质。这样看来"淤泥"一直被我们看作"世俗"的象征。那么作者到底是不与"世俗"的什么同流合污呢?还是凡是"世俗"皆不与之同流呢?人生于世俗之中又岂能斩断七情六欲无欲无求呢?显然作者不愿与之同流的"世俗"是有所指代的,而并非要脱离这个世俗的社会"遗世独立"。这一点,可以从他对舅舅的知恩图报,从他著书立说建书院传播自己的思想(二程就是典型的代表)中找到证据。

那么这个"淤泥"到底指的是世俗中的什么呢?

还要看上一句"自李唐来，世人甚爱牡丹"，至少在文中我们可以看到，他对于世人甚爱牡丹的现象是不愿苟同的，所以才有了"予独爱莲"之说。那么牡丹又象征着什么呢？下文中说"牡丹，富贵者也"，看到这里我们是不是可以推测出，文中的"淤泥"其实是指那种追名逐利、追求荣华富贵的世俗之气呢？而作者更喜欢安贫乐道、与世无争的生活。所以周敦颐的"异世独立"与陶渊明的"遗世独立"是截然不同的两种处世之道。

（3）结尾处叙述顺序的变化。按理说，开篇作者先说菊，然后是牡丹，最后说莲，那么结尾也应与前文呼应。但事实并非如此，作者把"莲之爱，同予者何人？"放在了中间，这就有意思了。难道这样的问句只能在中间说吗？

（4）这篇文章除了莲之外还写了菊和牡丹，这三种花之间的关系是一个核心的问题。陶渊明所好之"菊"与世人甚爱的"牡丹"在文中的作用一样吗？陶渊明与世人的对比同作者与世人的对比一样吗？显然，这里用到了"衬托"的写作手法，而"衬托"又有所不同。

从容易被我们忽视的内容下手，更能让学生体会到什么是经典文章，语言文字的博大精深就在这些细枝末节中得以展现。能于无中见有、关注细节，在那些缝隙中找到解读文章的切入口，这是我备课时自己琢磨出来的一点心得。"教学"其实就是"教"学生"学习"。在信息高度发达的今天，很多同学在预习之时就已经借助"工具书"或者网络将文章学了个"一清二楚"。在这样的前提下，语文教师更应该带着学生从一知半解到深入探索，从机械背诵到自然理解。这样学生才不至于妄言"懂"和"会"，有了敬畏之心才能有探究的动力。

二、高品质的学习设计

佐藤学教授一直强调"设计高品质的学习"，这里有两个关键词："高品质"和"学习"。佐藤学教授用"学习"而不是"教学"，显然是更倾向于如何让学生自主学习、探究、思考，从学生的角度完成对所教内容的学习。至于"高品质",在佐藤学教授的书中我们经常能看到他对学生学习姿态的描述:"安静""和谐""身姿柔软、自然",我想能让学生达到这种学习境界的"设计"应该就是"高品质"了吧。"学习单"并非学习共同体的特例,但要想上好一节学习共同体的课,学习单应该是个有效的载体。学习单分三种:课前预习单、课上学习单和课后检查单。其实平时上课我们也用过这三种学习单,但多是分开来用,也多是流于形式的。有为了让学生了解课文的预习单,为了使课堂环节更能突显学生主体的学习单和为了布置作业而设计的课后学习单。"三单"应该是个整体,服务于学生的整个学习过程,包括课前、课上和课后。而学习单所设计的内容应该是一以贯之的,教师应该本着发现学生学习中存在的问题—形成教学假设—师生共同解决问题—检测学生学习效果的思路设计"三单"。具体操作如下:

1. 预习单:收集学情,科学制定教学目标

《爱莲说》预习单

1. 能否谈谈你对这篇文章的理解,或者说说在你阅读的过程中,对文章某些内容的分析、解读?(提示:至少说一点,多者不限。)

例如:水陆草木之花,可爱者甚蕃。这句话中提到的"水陆之花"在文中指的是"莲花"(水生)和"菊花与牡丹"(陆生)。

(1)＿＿＿＿＿＿＿＿＿＿＿＿＿＿＿＿＿＿＿＿＿＿＿＿

(2)＿＿＿＿＿＿＿＿＿＿＿＿＿＿＿＿＿＿＿＿＿＿＿＿

(3)＿＿＿＿＿＿＿＿＿＿＿＿＿＿＿＿＿＿＿＿＿＿＿＿

2. 你在阅读过程中遇到了什么问题,有没有需要老师和同学帮忙解决的问题?(提示:可以写1～2个。)

随后对收上来的33张预习单进行了分析,关于第一题的分析内容如下:

对预习单第一题的分析

关注方向	关注人次	所占比例	具体内容列举
关注思想	5人	15.1%	表明自己洁身自好，不与世俗同流合污。
关注语句	33人	100%	1.予独爱莲之出淤泥而不染，濯清涟而不妖。 2.菊，花之隐逸者也。牡丹，花之富贵者也。莲，花之君子者也。
关注词语	2人	0.6%	李唐，香远益清。
关注写法	2人	0.6%	借莲花表明自己洁身自好，用菊花和牡丹衬托莲的高尚品格。

其中关注语句有20人次集中在对"予独爱莲之出淤泥而不染，濯清涟而不妖"这句话，另有20人次关注了"菊，花之隐逸者也。牡丹，花之富贵者也。莲，花之君子者也"这句话。从上面的数据分析中我们可以看出，所有的同学都能抓住文章的句子内容进行分析，大多数同学都能找到文章的核心语句，但是关于思想内涵、词语以及写作手法的关注度明显不够。根据这些反馈，我们可以进一步分析其产生的原因，为设计学习内容作进一步的铺垫。

首先，之所以所有的学生都关注了句子，这与预习单中的教师所提示的例子有很大关系。同时也得益于平时的培养，一直以来，在文本解读的时候我总是让学生勾连前后，不但要从整体上把握文章内容，还要能说出细节上的关系。

其次，为什么学生在关注文章思想内涵的时候能一语中的，道出本应该是这节课学完之后才能得出的结论？这与刚才我说过的信息技术的高度发达和教辅工具书的泛滥使用有很大的关系，按照常理，如果没有看过参考书的同学是无法得出"洁身自好，不与世俗同流合污"这样的结论的。那么是不是说，学生已经掌握了这篇文章的主旨了？是不是学生掌握了教师就不用教了、学生也没必要学了？恰恰相反，学生是不知强以为知，明明是一知半解却认为懂了，还有就是套路式地回答、机械地生搬硬套，这些都可以在后面的第二个问题——提出问题或疑惑中得到证实。例如，有个同学在第一题中说道："本文通过菊花、牡丹来衬托莲的高尚品格，借莲花表明自己洁身自好，不与世俗同流合污的高尚情操。"而在后面提出问题的环节中又问道："在《爱莲说》中，作者为什么要写'予谓菊，花之隐逸者也；牡丹，花之富贵者也；莲，花之君子者也'？"很显然，这位同学的答案前后出现了矛盾，第一题已经提到了用菊花、牡丹衬托莲花的高尚品格，第二题却又提问为什么要写菊和牡丹，这就是借助了参考书的预习结果。像这样的情况，教师不但要教还必须讲透，如何让学生在"知道"和"弄懂"间搭建一座桥梁就需要教师进行有效的教学设计了。作者为什么要表达的是"洁身自好"的品质？"不与世俗同流合污"又从何说起？这些问题都值得好好探究，决不能只告诉学生这个结果，要让他们在解读文本的时候，意识到自己的不足和困惑，要引导他们深度理解和挖掘文本，这就是在学习设计中要突显的内容。

最后，关于写作手法的问题。初中阶段我们很少将写作手法作为文章讲解的一个环节，考纲中对写作手法的要求是不明确的或者说是弱化的，所以讲到写作手法时教师一般都是一带而过。但这篇文章能忽视写作手法吗？都是"衬托"，"菊"和"牡丹"作用一样吗？如果一样，写一个不就可以了吗？如果学生也能思考这些问题或者是这样思考问题，那么这就涉及这篇文章的核心内容了。菊和牡丹是这篇文章绕不过去的两个内容，因此，衬托手法也必然要讲透彻。在梳理预习单第二个问题的答案时，我发现大部分的同学也都对这个问题十分感兴趣，这就更能说明这个问题作为教学内容的必要性了。

结合预习单所收集的学情，我将本节课的教学目标确定为：

（1）通过倾听、分享、串联，在自己原有解读的基础上，对"莲"的品质以及作者对"莲"的喜爱作进一步的理解，并能按照要求表达。

（2）通过讨论、分析，小组合作解决成员提出的主要问题，并能按照要求表达。

（3）通过教师所提供的学习资料，把握周敦颐所提倡的"君子"的品行与"莲"的特点的相同之处，深度理解本文的主旨。

2. 课上学习单：自主学习的催化剂

在设计学习单时有两个原则需要注意：一是要体现自主学习与协同学习的过程，二是要体现小组成员间的尊重和接受（悦纳）的过程。本着这两个原则我设计了一份学习单，具体内容如下：

《爱莲说》课上学习单

小组成员：

一、交流、分享彼此对文章内容的解读、分析。（六分钟后选举一位代表分享小组交流的成果，先说自己学到了什么，然后再分享小组共同的理解）

回答用语提示：

1. 我从_____（人名）同学那里学到了（知道了）_____。

　他（她）对_____的理解很____。

　这让我对_____的理解又有了新的认识。

　我还从_____（人名）同学那里学到了（知道了）_____。

　他（她）对_____的理解很____。

　这让我对_____的理解又有了新的认识。

2. 我们小组对这篇文章的理解有这样几点：（请注意一定是集合了所有组员的意见和想法，不能只说自己的理解。）

（1）_____

（2）_____

（3）_____

二、小组合作解决在预习单中提出的问题。（十分钟后派代表交流。）

回答用语提示：

1. 我们组同学的问题分别是：

（1）某某同学的问题是：＿＿＿＿＿＿

（2）＿＿＿＿＿＿＿＿＿＿＿＿＿＿＿＿＿＿＿＿＿＿＿＿＿＿＿

（3）＿＿＿＿＿＿＿＿＿＿＿＿＿＿＿＿＿＿＿＿＿＿＿＿＿＿＿

（4）＿＿＿＿＿＿＿＿＿＿＿＿＿＿＿＿＿＿＿＿＿＿＿＿＿＿＿

我们最终选择了第＿＿个问题，因为我们觉得这个问题＿＿＿。

2. 我们讨论的结果是：（一定要有课文依据。）

（1）＿＿＿＿＿＿＿＿＿＿＿＿＿＿＿＿＿＿＿＿＿＿＿＿＿＿＿

（2）＿＿＿＿＿＿＿＿＿＿＿＿＿＿＿＿＿＿＿＿＿＿＿＿＿＿＿

3. 但是我们也存在这样的困惑未能解决：（没有可以不说。）

（1）＿＿＿＿＿＿＿＿＿＿＿＿＿＿＿＿＿＿＿＿＿＿＿＿＿＿＿

（2）＿＿＿＿＿＿＿＿＿＿＿＿＿＿＿＿＿＿＿＿＿＿＿＿＿＿＿

希望同学和老师帮忙解决或者希望老师提供帮助自己解决的问题有哪些？

提示：在讨论、分析过程中要设想一下同学、老师可能会提出的问题、质疑，要有应对的内容。

首先，说一下学习单的两个环节，第一个环节分为两个步骤，交流自学的心得和串联小组成员的见解；第二个环节也分为两个步骤，讨论解决小组成员公认的问题以及向老师和同学求助。第一个环节中的第一个步骤体现了自我学习、独立思考的过程，第二个步骤则体现了协同学习、串联彼此见解的过程——求同存异，丰富自己。第二个环节从问题的选择到解决，都是团队合作学习的过程。在探索过程中找到的新发现或者新问题，就成了这节课的亮点和继续学习的起点。

其次，关于回答提示语的说明。在整张学习单中我处处为小组成员间的接纳和尊重搭建"支架"，例如，我从＿＿＿＿＿＿＿（人名）同学那里学到了（知道了）＿＿＿＿＿＿＿＿。这个提示中有明确的小组同学的姓名，这不但保护了未能回答问题且有想法的同学的"知识产权"，对于那位同学而言能得到同学的认可,对于他(她)来说也是一件很值得高兴的事。良好的协同关系就是这样在彼此的认可和肯定中慢慢建立起来的。这样细致的提示语也有助于培养学生发言的规范性和条理性。

最后,关于时间分配问题。既要让学生充分交流和发言,又要完成既定的教学目标和教学任务,对教师而言也是一个很大的挑战。对于这张学习单来说,花在学生小组交流和探讨的时间就有16分钟,这还不包括全班性的交流、师生的对话、同学间的质疑和补充……所以,在学习共同体的课堂中教师要尽可能减少长篇大论,精炼自己的每一句话,把更多的时间留给学生思考和表达。当然这并不意味着剥夺了教师的话语权,而是对教师的表达提出了更高的要求。

三、课堂剪影

光有学习单还是不能完全激发学生自主学习的兴趣,教师在课堂中的位置和角色转换也是非常重要的。教师作为课堂的主导者和设计者,一定要拿捏好"介入"和"退出"的时机,"倾听、串联、反刍"说起来简单,但却极考验教师的素养和能力。对于问题的捕捉,如何让学生通过自主学习和协同学习达到甚至超过教师理解的高度,时间的掌控和分配,这些都是学习共同体的课堂必须直面的问题。在学习共同体的课堂中教师不是问题的"终结者",而应该是问题的发起者、思考的引导者、探究的合作者以及共同学习者。教师自身的教育哲学发生转变的时候,也就是课堂发生改变的时候。

在这节课中,我请来了一些对学习共同体有兴趣的同仁做观察员,他们用自己的笔记录了很多宝贵的、可能是不被上课教师知晓的学习细节。下面我就摘录两段关于《爱莲说》的课堂实录(以下文字来自南汇五中倪青老师的观察记录)。

关于第一个环节的学习记录

虽然预习单已是独立思考的过程,而在明确了老师的任务"交流分享彼此对文章内容的解读和分析"后，我观察到身边的四个学生最初依然各自安静地默读同伴的预习单，并没有直接开始言语交流。大概两三分钟后，我对面的 A 生转身轻声对身旁的 B 生说："一会儿由你代表我们发言吧。" B 生回："我还有一张没看完，稍等。"四人同时抬眼默然相视，无人相催。没多久，他们开始协商交流发言的内容。B 生建议将 A 生的"'予独爱莲之出淤泥而不染'中的'独'表现了作者不与世俗同流合污"这一见解代表小组分享，理由是，自己预习时也想到了这个问题，但只谈到了君子的品性，未对君子"不与世俗同流合污"的品性进行深入挖掘。当我暗自为 A 生和 B 生的赏析力叫好之时，A 生又推荐 C 生的"'菊之爱，陶后鲜有闻。莲之爱，同予者何人……'一句形成对比关系，反衬作者高洁的品格"，理由是自己的问题只是从君子含义的角度解读，而 C 生的更妙，是从反衬写法的角度来表现作者的高尚情操……在 A、B 生皆言之成理、莫衷一是的情况下，他们转而默然了片刻，又不约而同地重拾手中的预习单和学习单静静地思索着，忽而 D 生打破了静寂，"我觉得应该把你们俩分析的问题都拿出来分享才好，这是从不同的角度来解析作者的品性，我看并无高下之分啊"，D 生所言即刻获得四人颔首一致赞同……

关于第二个环节的学习记录

我观察到学生在组内分享交流后提出了这样一些问题：

（1）既然莲花清雅高洁，那为何众人喜爱的是富贵荣华的牡丹？

（2）作者要赞美的是莲花，为什么还要写菊和牡丹？

（3）"予独爱莲"和"菊之爱，陶后鲜有闻"是说明莲花和菊花的含义差不多吗？

（4）三种花分别代表了怎样的一类人？

程老师在给予组内十分钟时间充分交流的基础上，让学生合作解决在预习单上存在困惑的问题，各组派代表交流学习。令观察员们称奇的是，学生所提问题指向性明确，如上面（1）（2）两题，提到了文章为了写莲花而将另两种花作对比（陪衬或反衬）之用的写法；再看（3）（4）两题，提到了这是以花喻人的象征手法来认识并突出莲花君子的品行，同时也是本文的旨归。课后研讨时，几位观察员高度赞赏学生提出问题和解决问题的能力，而我想这当然与程老师平时的培育方式有关。

伙伴平等互学关系的建立。当我身旁的D生两次以字难看为由回绝A生请他代笔填写小组学习单问题汇总任务时，C生建议轮流记录，这次我来下次你来，D生闻此欣然答应。组内汇总交流时，我多次听到这样的对话，"你说呢？""我觉得你有道理，不过我想的是……""这道题我不理解，你怎么看？"同伴间不是会的教不会的，而是不会的主动请教会的，这显然是彼此已然形成了良好的伙伴关系。从学生在课上所提问题及通过合作解决问题的能力来看，与良好伙伴关系的建立不无关系。

回归文本（反刍）促发深度思考。在各组派代表交流时，程老师请了我身旁的C生发言，她说我们认为"予独爱莲"的"独"和"菊之爱，陶后鲜有闻"的"鲜"意思差不多，可见莲花和菊花也喻指差不多的君子一类的人。程老师当即追问：差多少才算差"不多"，何义？请从文中找依据，差在哪里？此问抓住了核心问题，即把握作者所提倡的君子品行与莲特点的相同之处。程老师课上话不多，所谓"风乍起，吹皱一池春水"，因聚焦和促发了学生思考，也便生成了学生对君子（淡泊名利、不与世俗同流合污、异世独立和遗世独立）多元的精彩解读。

沉潜涵泳之功不可谓不深。有学生提出为何文章开篇和结尾处三种花的叙述顺序有所变化。对此，程老师在课后研讨中坦言，该生所问也是自己多日解读文本且"毕其功"之问，实在了得。而自己在备课中也为此翻阅了很多文献资料来解决这个极富挑战性的问题，也梳理了便于学生把握莲与君子相同之处的三个知识要点作为学习资料。对于这个挑战性的难题，课上程老师先是请学生依据学习资料上的内容自己解决问题，待有自己的思考后再组内交流，若还不能解决可请教老师。随即有位男生起身问老师：什么是"宋明理学"？环顾四周无人能答，程老师便娓娓道来，从学派谈到主要代表人物乃至用典等。面对课堂的"旁逸斜出"，程老师能见招拆招，其深厚的功底和周全的备课怎能不让学生心生敬佩！

四、课后反思

我认为《爱莲说》的教学是我尝试学习共同体方式的一个成功案例。我想，要上好一节学习共同体的课必然要具备这几个要素：

第一，深度的文本解读。为了上好这节课我提前一个月便投入到了备课中，对于这不到150字的小文章可以说早已烂熟于胸了。当你无数次阅读一篇文章的时候，很多隐藏在文字后面的蛛丝马迹会慢慢浮出水面，碎片式的理解也会随着反复的阅读慢慢串联起来。教师的文本解读不同于其他阅读，它有着明确的目的——教学需要。对于一篇好的文本，不求一定要标新立异，但一定要读出自己的真实感受和见解。文本深读是为了在教学中能够对有可能出现的问题作出预设，同时也可以在学生无法理解文本的时候提出教师自己的理解和主张。为了深入地理解这篇文章，我到知网上下载了很多关于《爱莲说》以及周敦颐的文章，就连文中所提及的陶渊明的资料我也查阅了一些，其中有些内容可以作为解读《爱莲说》的佐证。例如，关于陶渊明隐居的一种说法，有人认为他是为了在政治斗争中"明哲保身"才假借"督邮事件"挂印而去。虽然这样的理解缺乏史料的证实，但却给我们理解陶渊明与周敦颐二人的处世之道提供了一些参考——一个是隐于野，一个是隐于市；一个是遗世独立，一个是异世独立。相比之下我们就不难理解周敦颐是怎样的洁身自好了，而借助莲花将这种品行表达出来是再合适不过的了。深度的文本解读，为教材的发展提供了很多可能性，这也是佐藤学老师所提倡的关注"教材的可能性"。

第二，学习单的设计和使用。对于这节课而言，学习单的设计和使用起到了至关重要的作用。通过预习单，教师了解了学生的学情，掌握了他们的"最近发展区"，并依托数据分析和预习单上的问题反馈制定了教学目标、设计了学习单。在所收集的学生提的问题中，我发现所有的同学都提出了问题，绝大部分同学的问题都比较集中，有个别同学的问题非常犀利且有见地。例如一位同学提问：文章开头是"晋陶渊明独爱菊，自李唐来，世人甚爱牡丹，予独爱莲之出淤泥而不染……"，而后文却是"菊之爱，陶后鲜有闻。莲之爱，同予者何人？牡丹之爱，宜乎众矣"，为什么要将三种花前后的叙述顺序颠倒呢？而在随后的上课环节中，我也正是利用了这些问题，才使得课堂上的讨论生动而深刻，处处都是思维碰撞的火花和意想不到的生成。而课上学习单更是体现了学生自主学习和协同学习的"无缝对接"，如何建立和谐的协同学习关系一直是学习共同体课堂的核心话题。从自学到互助学习，从以自我为中心到尊重他人，同伴间的良好协同学习关系的建立意味着学习共同体的学习方式可以进一步发展下去。在课上学习单中，我加入了得到同伴认可的设计环节，这是我第一次在学习单中使用，可以说是"首创"和"首用"。在同学回答问题之时，我观察到那个未起身回答问题却被同学认可的学生，一直非常专注地倾听且面带微笑，可想而知，他得到肯定之后内心是喜悦的，而他们之间的信任关系也会越来越深。

第三，自身的教育哲学的改变。如果在以前，我会利用半节课的时间把我对这篇文章的解读在学生面前"炫耀"一番。但是在这节将近70分钟的课中，我自己的说话时间加在一起也就15分钟左右，包括与学生的对话。但这却并不影响学生对问题的理解和达成度，整堂课所设计的问题没有一个是通过教师的讲解和告知得来的，而都是学生通过自学和协同学习达成的结果。对于那个公认为学生无法回答的问题（三种花叙述顺序的改变），那位提出问题的同学也在教师所提供的学习资料中找到了"答案"，这一切都已经远远地超出了教师的预期。在这节课中，我看到了学生的潜能远超乎教师的想象，他们的思考与文本解读能力并未受到年龄和知识面的影响。而这一切的发生都跟教师的"隐退"和"反刍"有着莫大的关系——把学生推到前面、推上台面，给他们的发言提供时间和空间的保证，营造安全的学习氛围，我们自然就会看到学生"柔软的身姿"和脸上的微笑。

第四，存在的问题。学习单的设计本应是"三单一体"，预习单是学习设计的前提，学习单是发动学生自主学习的催化剂，课后的检测单是评价的工具。但是可惜的是，这节课课后我并未对学习效果做出有效的检测。关于检测单的设想可以通过两种方式达成：一是可以通过家庭作业体现上课所学的内容以便复习和检测之用；二是可以通过日后的测试检测学习情况。对于检测单，我也会在其他的课上进一步完善和使用。

此外，关于时间的分配和掌控也存在很大问题，作为研讨课来说，这节课我上了将近70分钟，几乎是两节课连上，这对于七年级的学生来说上一次两次还行，长时间的实施是有问题的。如何在40分钟内上好一节学习共同体的课，还需要我们不断地探索和实践。在接下来的课堂实践中，我会对这个问题作进一步的研究和探索。

从《爱莲说》这节课中，我看到了自己的成长，也看到了学习共同体课堂的真正魅力，同时还找到了要为之实践探索的前进之路。

语文教学的深度修炼手册
——学共九式

寒假在家"闭关"期间,看了许冠杰主演的《笑傲江湖》,堪称经典。其中风清扬在传授令狐冲独孤九剑时说了一句话让我为之一振,原来独步江湖的独孤九剑竟然是从"败剑"之中悟出的。这不由得勾起我往日的回忆,我自 2012 年跟随陈静静博士研究学习共同体以来,所上的公开课、研讨课每个学期至少要五六节,而七八年积累下来的几十节课中可以说胜少败多,但我知道所有的失败都会以一种新的形式在某一个时间出现在我的课堂中。风清扬能从失败中创出独孤九剑,我为什么不能从我的课堂中总结出"学共九式"呢?于是乎便生了借侠客的噱头总结一下我的教学经验的念头。

所谓"学共九式"从学材、课堂、师生三个方面,讲文本解读之法、课堂教学之法和营造氛围之法。九式如下:

去蔽式、去伪式、去噪式
抛锚式、收放式、点睛式
观人式、听人式、破题式

"学共九式"在神不在形,在内不在外,在道亦在术。这与独孤九剑极为相似,独孤九剑胜在想在敌人之前,能判断对手的招数,并以合适的剑招破解制胜。

一、去蔽打通任督二脉

"蔽"指的是作者的障眼法,它给读者的阅读带来了一定的障碍,所以有时候我们会感觉"读不懂"或者"不知所云",这就是作者所设之蔽。难道作者不希望读者读懂文章吗?也不尽然。有些作家喜欢用高深的文字来寻求"高雅之士"的欣赏,所以写出来的东西不一定符合大众的口味,例如梁实秋就是追求高雅的代表作家之一。鲁迅先生曾经批评过这样的思想:"倘若说,作品愈高,知音愈少。那么推论起来,谁也不懂的东西,就是世上的绝作了。"①他还要求创作作品时一定要心里想着读者和观众,要让他们能够读懂、看懂。可见鲁迅先生在创作时是想着大众的,但是为什么鲁迅先生的作品又是最难理解的呢?我们先来看看沈从文先生在《边城》的序中所写的一段文字:"我这书只预备给一些'本已离开了学校,或是终究无从接近学校,还认识些中国文字,置身于文学理论、文学批评以及说谎造谣消息所达不到的那种职务上,在那个社会里生活,而且极关心全民族在空间与时间下所有的好处与坏处'的人去看。"显然,沈从文先生在写《边城》的时候是对读者有所选择的。沈从文如此,鲁迅的很多作品也是一样。

之所以受蔽,可能还有读者自身的问题,我们习惯了浅表的阅读而失去了深度思考的能力和兴趣;抑或是受了大众思想的影响而无法作出自己的判断。举个例子,鲁迅的《社戏》中有个孩子叫双喜,聪明伶俐、善解人意,具有许多美好的品质。所以当我们读《社戏》时,总喜欢把他作为平桥村民风淳朴的一个典型人物来分析,这样的阅读不是错的但却把文章读浅,把人物读扁了。双喜身上除了上述的美好品质之外,还有一些小瑕疵。文中有几处细节,双喜提出不再看戏,他是陪"我"看戏的,"我"还没说不看,他却表示要走,原因是"双喜终于熬不住了";再看一处,在偷豆时,聪明的双喜是知道谁家的豆好的,但却把这个选择题留给阿发做,这又是为什么?所以,在双喜身上不只有聪明伶俐、善解人意的一面,也有小私心、小

---

① 鲁迅.集外集拾遗[M].北京:人民文学出版社,1993.

狡狯的一面。在这样的认识下再去看双喜与六一公公的对话，就别有一番味道了。造成我们解读肤浅的一个原因是一提到"平桥村"大家自然会想到"民风淳朴"这个词。在这样的大众共识之下，我们的逻辑是这样的：既然《社戏》是为了写平桥村的民风淳朴，那么《社戏》中的所有人都应该是民风淳朴的典范，双喜作为主人公之一，自然也是其中的代表人物了。平桥村民风淳朴不假，但表现民风淳朴的形式却并不单一。另外一个原因是，作为读者我们确实缺少了一些文学理论和文学批评的素养。如果懂一点文学理论，我们会发现，小说中的人物应该是"圆"的，而我们分析出来的双喜的形象却是"扁"的，一个扁的人物形象如何传世？鲁迅作为一个大文学家难道会不知此理吗？

因此，我想说学会"去蔽式"才能打通我们的任督二脉——文艺理论和生活实际。只有打通了任督二脉，我们才能体会到上乘的武功秘籍——文本的奥秘。我们有必要学一点文艺理论和文学批评，这是其中一个解读文本的方法；另外一个就要与生活相联系，所有的文学作品都是依托于生活的，如果你没有文艺理论这一脉，还可以打通生活实际这另一脉。我举一个我女儿学诗的例子，小学二年级的语文教材有首诗是贺知章的《咏柳》：碧玉妆成一树高，万条垂下绿丝绦。不知细叶谁裁出，二月春风似剪刀。对于"万条垂下绿丝绦"，她说绿丝绦是柳树的裙子。一个二年级的孩子是不懂什么文艺理论的，但却不妨碍她读诗，为什么？诗是源于生活的，所以在读诗的时候一定要与生活相关联。如果说，既没有文艺理论支撑，又没有所谓的生活经历，那又该如何读懂文本呢？就好像李白的《黄鹤楼送孟浩然之广陵》，对于没有送别经历的学生来说，该如何引导呢？这里要推荐给大家一种解读文本的方法——矛盾分析法，这是孙绍振先生提出的一种具有巨大影响力的文本解读的方法。我们能抓住诗中"烟花三月下扬州"与"孤帆远影碧空尽"之间的矛盾，就能读出这首诗的真谛了。

总结一下去蔽的方法：一是读点文艺理论之类的书籍，二是联系生活实际，三是掌握一点解读文本的技巧（方法）。

二、去伪存真

"伪"主要是针对伪教学和伪学习两个方面而言。伪教学有几种表现,一种是"拿来主义",把别人的东西拿过来填上自己的名字,就堂而皇之地占为己有。《儒林外史》中有两个人,一个叫蘧駪,一个叫牛浦郎,蘧駪把从叛党王惠手中得到的珍藏于大内的一本书印上自己的名字发行,得了一个少年名士的称号;牛浦郎知道牛布衣死了又没人认得,于是便冒了他的名到处招摇。这二人所为不是为了名就是为了利,其结果是蘧駪东窗事发险些丧了身家性命,牛浦郎被牛布衣的夫人告发官司缠身。伪教学的另一种表现是迎合人心,尤其是迎合听课者或者评委的喜好。就好比一个东北菜馆到了上海,为了迎合本地人的口味,所有的菜都要偏甜,这样一来客人是多了,但菜的精髓也就随着口味的变化而消失了。如果说,迎合他人也并非老师本意甚至是有些无奈的话,那么课堂上听学生发表见解并依照自己的理解评判时就是依据主观的喜好了。这里要举一个我自己的例子,2017年,我上了一节《壶口瀑布》,印象深刻,至今难忘。

我当时提出的问题是:为什么作者看了一次壶口瀑布还要看第二次?一位同学的回答与我的预期不符,我就让他坐下再想想。一位观察员后来在交流时说,这位同学此后一直很纠结这个问题,他很不服气,也不再参与课堂了。这位华东师范大学心理系的高才生后来告诉我,我的这种行为在心理学上叫刻板印象。我在观察其他老师上课的时候,也时常看到像我这样处理学生问题的情况,学生回答的与老师想要的答案相去甚远的时候,老师的做法就是简单粗暴的"请坐,再好好想想"。我们这个习以为常的动作其实对学生的影响不仅仅是一堂课,还影响着他的自信和兴趣。老师的耳朵里为什么只能听到与自己的预设相似的回答,而听不得那些看似"离谱"的表达呢?

我再给大家举个例子,有一次我讲《伤仲永》,有个同学问:为什么王安石的家在临川,仲永的家是金溪县,而他又随父亲在扬州生活,那么他是怎么听说仲永其人的?有了前一次的教训,我就把这个看似离谱的问题写在了黑板上,让大家思考一下。结果出乎意料,竟然把整篇文章都串联起来了。原来，王安石同父亲在扬州生活，且听得仲永其人，可见此时仲永的名声已经传到了扬州或者临川，总之已经不只是金溪了。要知道在古代消息闭塞，能把名声传出去是不容易的。那么仲永的名声又是怎么传出去的？这又与文章中仲永的父亲的行为联系起来，文中写道"父利其然也，日扳仲永环谒于邑人，不使学"。仲永的名声传播经过了两个过程，当大家得知他是神童的时候，乡人们的做法是"稍稍宾客其父，或以钱币乞之"，后来，仲永的父亲不满足于此，才有了"父利其然也，日扳仲永环谒于邑人，不使学"的行为。分析父亲这一做法的根源，又涉及文章开头"世隶耕"三字，这样整篇文章就通过一个看似"离谱"的问题串联起来了。

我举这一正一反两个例子是想说，生成性的课堂应该是教师真的敞开怀抱接纳那些不完美的发言，要给那些表达不清楚的同学多一些表达的机会。课堂中不仅有教师的伪教，还有学生的伪学——伪讨论、伪倾听、伪交流、伪合作、伪思考、伪记录等等，有的合作甚至并不是围绕问题的是非以及依据展开，而是以情感为核心缔结情感同盟，这些都是学生在学习过程中不能深入文本的阻碍。

如何破解？首先老师不能教得太肤浅，否则学生会没有兴趣；其次要培养学生的提问意识，让他们不断参与互动；最后还要师生达成共识，有一定的交流规则和契约。

三、去噪营造宁静和谐的氛围

宁静和死寂，吵闹和活泼是有区别的，当我们进入课堂，无论是自己上课还是听别人上课，都感觉到某种气场，课堂的走势可能就从这样的气场开始了。大家都很担心一个问题，如果气氛太轻松了是不是就吵闹起来，学生是给点阳光就灿烂的。你要是板着个脸，学生自然是乖乖的，但是太乖了以至于有种死寂的感觉。你说的每一句话，就像是对着空气说，你会非常累，越讲越累，到最后找个理由爆发。课堂氛围太沉闷学生有想法也不敢说，太活跃说话又不经大脑。既要让大家安静地思考交流，又不想让他们像脱缰的野马。说实话，拿捏好这个度还真不容易。那么如何为课堂"去噪"呢？

学校和班级都是讲规则的地方，但是有时候规则定的太多反而会适得其反，所以说规则固然重要，有时候也要讲讲感情。我讲一个例子，有一次我教学《野望》，我进到教室皱着眉头跟大家说：老师遇到麻烦了，想写一篇关于《野望》的文本解读，但是无从下手，希望大家帮帮忙。大家听完之后你看看我，我看看你，然后就开始讨论怎么解读这首诗。但是他们毕竟能力有限，思维是动起来了，但没有路径和方法，读得很生硬。这时候我说，古人读诗的时候喜欢玩个换字的游戏，把名家的诗拿过来挖去其中的一个字或者几个字，然后大家补字，看看谁的更好。于是我就把"树树皆秋色，山山唯落晖"中的"树树"隐去，让大家填。接下来，大家找到方法了，各种试换之后，发现还是"树树"好。秋天，树与树之间的叶子不同，一棵树不同枝干上的叶子也是不同，"树树皆秋色"给人以丰富的想象，秋天可以是凄的，也可以是美的。这节课的氛围就很好，不吵不闹，也很活跃，关键是还很好地完成了教学任务。

总而言之，"去噪"的方法除了制定规则之外，还要讲究内容与形式的统一，宁静和谐的课堂一定是能让人感到轻松、愉快、留恋的课堂，当然也是有深度有温度的课堂。

四、抛锚定向，直捣黄龙

"学共九式"中最经典的招数应该是核心挑战性问题的设计，这是核心技术，也可以说是不是秘密的秘密。为什么说不是秘密的秘密呢？因为设计一个又有挑战性又能涉及文本核心，还能牵一发动全身的问题，是非常困难的。它就像是航船的锚一样，锚一抛船就跑不了了。然而，如何抛锚定乾坤，直捣文本黄龙？

我喜欢用逆向思维，甚至是逆向之逆向的思维去思考问题，比方说，我们对单篇文本教学有个期许：教一篇知一类，举一反三。我的思考方式就是知一类方能教一篇，心中没有三很难教好一。教学《背影》正常的思路是要通过教这篇文章让学生知道如何阅读散文。我的思考方式是要先知道散文该教什么然后再想如何教《背影》。这就是逆向思维。如果以散文的特点来看，分析父亲的形象并不是本文的教学重点。因此，设计"文章一共写了几次背影和流泪，以及父亲的形象如何"的问题，可能就偏离了散文特点。而我们用偏离了散文特点的教学去教学生读散文，其结果又会如何呢？我曾经研究过许多叙事散文，结果发现它们都有一个共同的特点：文中都会有"我"，又都会写"我"的心路历程。《背影》《秋天的怀念》《灯笼》《春酒》《藤野先生》等等，这些文章都是在写"我"的心路历程。如果对于这些文章的定性没有问题，而它们又属于典型的散文，那么这些大作家的散文就是我们学习的最好典范。学习什么呢？不只是语言、情感、思想，还有他们是怎样写散文的。抓住了"我"的心路历程这个核心的普遍性的问题，对我们如何读散文、写散文可能会有很大的帮助。这就是逆向思维。那么什么是逆向之逆向思维呢？以小说《变色龙》为例，从逆向思维出发我们会知道分析人物形象是小说的重头戏，那么逆向之逆向思维呢？不分析主人公奥楚蔑洛夫，分析别人吗？我不是这样想的。我的思考方式是，既然大家都认为奥楚蔑洛夫是变色龙，那么如果他不是变色龙呢？他如果不是变色龙谁会是变色龙呢？这样一来我们就可以提出一个问题：《变色龙》中谁是"变色龙"？把一个确定变成了不确定，这样的课就有意思了。

可能很多老师都跟我一样，拿来一篇文章不知道该教什么，看上去这一篇跟那一篇也没区别，感觉教这也行，教那也对。但是仔细一想，好像又都不对。哪里不对，又说不出。所以，就更加觉得困惑，觉得语文难教。其实道理想清楚了，可能也就不困惑了。不管教什么文章，得先看什么文体，在文体特征下去探寻这一篇的特点，以明确的篇章特点去教这一篇，大的方向就不会错了。

对于教学我们要学习总结，从众多的普遍的现象中提炼出共性的东西，在这个共性的基础上再去理解单篇文本的特性，就可以直捣黄龙了。

五、收放有时，衔接自如

如果说"抛锚"是"学共九式"的核心技术的话，那么"收放"就应该是它的核心艺术。什么时候"抛锚"，什么时候"收锚"，这是有讲究的，毕竟船是要前行的。我想大家也都跟我有过相同的经历，抛出一个核心问题就再也没有收回来。后来我从放风筝中悟出一个道理，上课就像是放风筝，得把线牵在自己的手中，前一秒的收线都是为了下一秒让风筝飞得更高。那么，我们要怎样才能把这根线握在手中呢？

先说一下"收放"，如果你提出的是一个核心问题，那么你可能要先学会"放"，因为一个具有挑战性的问题，往往会给学生带来一定的压力，如果学生无法承受这种压力，可能会一蹶不振。这时候你要先"放"，给大家一些时间和空间"热身"，进入到接下来的挑战中。例如，我在讲《百合花开》的时候，就先问了一个小问题：百合花有哪些美好的品质？在大家慢慢进入文本后，我又话题一"收"，抛出了一个大问题：既然百合花有那么多美好的品质，为什么蜂蝶鸟雀还有野草却不喜欢它呢？如果你让学生自己提出了许多问题，这时候你要先"收"，待大家提好问题后，你可以通过"合并同类项"的方式，以情感、关键词、内容指向等不同需求把问题合在一起，给学生提供一条解开文本的线索，将大家引向文本深处。

至于牵在手中的线何时收放，还要看具体情况，如果学生的问题多了，就有必要收一下，如果学生没问题了，那就要适当地放一下。总之掌握一个原则，每一次收放都要让学生对文本有更进一步的认识。

六、点睛之笔，可遇可求

画龙要点睛，舞狮要点精。往往点睛之笔都要留给最重要的人，那么课堂上谁最重要？在我的意识里，学生的重要性要略高于老师。因此，如果能让学生点睛，这堂课就臻于完美了。那么该如何让学生点睛呢？

我在讲周敦颐的《爱莲说》之时，有位学生发现了文章首尾的叙述顺序不同，在大家百思不得其解之时，我提供了一则材料作为课文的佐证。结果发现问题的学生在材料中找到了答案。

我举这个例子是想说，一直以来老师都是画龙点睛的不二人选，我们希望把最精彩的留在结尾，给一堂课画上一个完美的句号。可能也正是这样的完美主义思想，使得我们代替学生做了很多事情。为什么我们不能接受残缺和遗憾呢？把这个机会留给学生，让他们去尝试、去挑战，哪怕不够完美，哪怕与我们的期待相去甚远，甚至成了这节课的败笔，我觉得这都没关系。重点是，我们每堂课都这样去训练学生，让他们总结，让他们点睛。如果一个星期有 6 节课，一个月就是 24 节课，一个学期就是 72 节课，对于一个大班额的班级来说，一个学期每个学生可以轮到一次点睛的机会。也许机会太少，但总比没有的好。

要想使这样的点睛之笔变得可遇也可求，还是要在预设上下功夫，所谓万条溪流终归大海，从哪里开始，问题由谁提出都不重要，只要你清楚这节课该最终归向哪里，就不会有大的偏差。上《爱莲说》这节课，当我把提问的机会交给学生的时候，我就知道一定会有人关注到文章首尾叙述顺序的不同。前面说"晋陶渊明独爱菊，自李唐来世人甚爱牡丹，予独爱莲……"而到了结尾却是"菊之爱陶后鲜有闻，莲之爱同予者何人？牡丹之爱，宜乎众矣"。当然，我相信学生会找出这个问题，也是基于长时间培养的师生之间的默契，绝非臆测。因此，我早早地把自己的解读和所查的资料准备好，就等着大家无解的时候为之解惑。有时候老师们会问我：程老师，你上课的时候是否知道学生会有这样的表现？也有人问：程老师，你的课都是生成的对吗？现在我可以明确地告诉大家，我的课绝对是有预设的，而且要比一般的语文课预设的更多，所以现在无论学生回答出什么样的答案，我都不会太惊讶以至于慌乱盲目。这份笃定的背后，缘于踏踏实实地备课。

七、观人

执教者的观察与观察员的观察不同，观察员针对个体进行观察，执教者既要关注个体又要关注群体。侠客在过招之前都会注视对方，以不变应万变，见招拆招。我总结了以下三个招式来随机应变：

第一招，静坐观其气。在引入课文之后，往往会有一个初步阅读文本的时间，这段时间我喜欢静静地坐在讲台前注视着整个班级。哪些同学在认真地阅读，哪些同学在用心地圈画，哪些同学在开小差，就一目了然了。在有了初步的观察之后，我心里会有一个推测，什么样状态的同学适合回答怎样的问题。提示性问题可以提给那些还没进入状态的同学，需要深入探究的问题可以提给那些用心思考的同学。大环境的观察是把握动态学情的开始。

第二招，巡视观其需。在学生们交流的时候，我喜欢一圈一圈地巡视，观察他们的表情就可以基本判断出，他们是有所得还是有所惑，然后再进一步介入讨论，拿到第一手的信息。对于有见地的讨论要及时给予肯定以增加他们的信心；对于存在的困惑，或给予指点，或鼓励他们将疑问提出来以便大家一起讨论。当然，无论你怎样游走观察，可能还是会有很多有价值的讨论无法被发现，这时候就要借助观察员的眼睛了。

第三招，注视观其心。在学生回答问题的时候，我喜欢站在他们身边静静地注视着他们。那些不太自信的学生可能就在肯定的眼神的注视下，颤抖地讲出他们的想法，我们关切的眼神就是他们的定心丸。

八、听人

听、说、读、写是语文学习的四种能力，其中"听"和"读"是信息的输入过程，"说"和"写"是信息的输出过程。"听"伴随着学习的整个过程，尤其是在学习的起始阶段，"听"的作用更大。要想让学生"听"老师的，老师要先学会"听"学生的。只有教师先"侧耳倾听"学生的心声，学生才会"洗耳恭听"老师的教诲。"听"不只是一种态度，更是一种能力。

第一招，乱中听真。"听"要求教师进行自我修炼，要愿听、会听。前面说到的《壶口瀑布》的例子，我一直不敢忘怀。"听"作为一种态度，首先要张开怀抱，以接纳的姿态去倾听每一次发言。作为一种能力，它要求教师具有较强的临场应变能力,因为学生的表述不能像成年人那样严谨、得当,所以我们要非常专注地倾听,只要稍不留神可能就会错过一个精彩的转折点。这种捕捉能力需要进行长时间的倾听训练。在学生刚开始学习提问题的时候,肯定会出现语无伦次、表述不清的情况,这时候老师就要耐心地倾听并将他们混乱不清的发言整理出来。

第二招,听出矛盾。课堂要想向纵深发展,除了教师有意识地引导之外,还可以抓住学生发言时的矛盾,即把两个或几位同学前后发言的矛盾提炼出来,让大家的思想相互碰撞,也可以生发出新的认知。以《老王》的教学为例,我在讲这篇课文的时候,问了学生一个问题:"我"和老王是什么关系?有同学回答是朋友关系。另一位同学站起来说,不是朋友关系,而是主顾关系。这样一来,前后两位同学的回答就产生了矛盾,但我接下来的问题可以让阅读更进一步:"我"和老王到底是什么关系?从"什么关系"到"到底是什么关系"的进一步追问,可以使接下来的课向广度扩展,也可以向深度漫溯。

第三招,听亦有道。听的目的是为了收集学生对当前问题的反馈,如果在学生的反馈中存在混乱、模糊、有争议的内容以及一知半解的情况,那么有必要将问题重申并反刍到文本中作进一步的思考,《老王》的例子就说明学生对这个问题还只是一知半解,这样的话,就必然要返回文本。

九、回到原点,破解难题

历来武功秘籍的最后一招都是不传之秘,有些甚至是无招无形。我想这一招也是煞费苦心,真的写到最后的时候,不是江郎才尽,而是不知道到底该怎样总结。在经过痛苦的思考之后,我仿佛有些领悟了。很多武功秘籍的最高境界恰恰不是招数和功力达到顶点,而是又回到原点,不忘本心。那么我们语文教学的原点和本心又是什么?是让学生喜欢语文,并学以致用。老师最大的悲哀就是,自己有满身的武艺,但学生却不愿意学。所以这最后一式我想做一点尝试:回到原点,破解语文教学的难题。应该说不止是语文教学，所有的知识与技术的学习最好的老师就是兴趣，有兴趣可能会无师自通，没有兴趣即便有师也可能不通。而我们的语文课又不能丢了"语文"的本质，把语文上成别的课。我的做法是让语文课"活"起来。

第一招，情境活动。为了更好地学习文章，走进文本，创设情境是一个很好的途径，它可以还原事件中的情境，再现当时的场景。既可以活跃气氛，又能深入阅读文本。

第二招，课堂游戏。自从看了梁俊老师带着他的学生在舞台上演唱袁枚的《苔》之后，我就对"唱诗"很感兴趣，学生也很感兴趣，于是在学诗的时候，我的课堂多了一个环节——唱诗。

第三招，诗情画意。诗言情，画写意。我讲诗歌的时候除了喜欢让学生唱，自己也喜欢在黑板上画。当然我画的可能也不算画，称为图还马马虎虎。画的目的有两个：一是娱乐性，二是把诗的内容直观地表现出来。后来学生都说我是灵魂画手，每次讲诗他们都很兴奋地问：老师，今天画不画？我也让他们画，他们画的比我好，像画了。到最后我的图娱乐了大家，他们的画陶冶了我。当然画画也不只是陶冶情操，还能以画观诗，以诗观画。平时读诗无非是读读背背默默，诗中讲了什么，意境如何，学生是全然不会关注的。但是要画出来，就不容易了，有些画不出来的东西怎么表示，这就需要动脑筋了。

浅谈中考改革大背景下的初中古诗文教学

2020年，全面实施新高考政策，从2019年全国各地的中考试题来看，全国各地的中考也在慢慢改革。以上海为例，2020年的中考考纲对古诗文考题做出了调整，其中默写由原来的15分变为16分，取消原来的"诗词理解"，课内古诗文阅读从原来的9分增加到12分。在中考改革的大背景下，古诗文教学被提到了一定的高度，部编版教材对古诗文阅读也做了一些调整。我将沪教版八年级上册的古诗文篇目与部编版八年级上册的古诗文篇目在数量和要求上作了一个比较。在数量上，沪教版的教材一共选录诗文21首，部编版教材选录诗文18首。虽然在数量上部编版教材少于沪教版，但是对讲解的要求却明显提高。沪教版只有第三单元的"宋词集萃"中的5首宋词以课文形式出现（需要讲解），其中还包括一首自读的词——《西江月》，其余的则出现在每个单元后的"每周一诗"中，仅要求背诵；而部编版教材需要讲读的诗文比之翻了一倍，正好是10首，分别在第三单元的第12课和第六单元的第25课中，以"群文"的形式出现，并且这10首诗词全部要求讲解，而背诵内容只有8首，分别出现在这两个单元之后的"课外古诗词诵读"中。

一、中考改革大背景下古诗文教学存在的问题

讲解的课文从5篇增到10篇，背诵的要求从16首减少到8首，这意味着什么？从教材编写者的角度看，背诵数量减少却提高讲读数量，释放的信

息是要重视对诗歌的讲解、欣赏，进而在"质"上达成"重视积累、感悟和运用，提高自己的欣赏品味"的要求。再从整本教材的单元设置以及篇目选择上看，沪教版教材八年级上册一共八个单元共30课，部编版教材一共六个单元共25课。单元少了，课文少了，但是教学周期不变，那么剩余的时间能不能保证古诗文阅读"质"的要求呢？我认为，现在古诗文教学主要存在三个比较大的矛盾。

1. 课程安排与教师重视偏差之间的矛盾

在我使用部编版教材一个学期后，我发现讲读诗文的量的增加并不意味着能将富余的教学时间用在讲读诗文上。而以"群文"形式出现在部编版教材中的诗文，也并未得到"群文阅读"该有的"待遇"。有一部老师认为，中考对古诗文只有默写要求没有理解要求，所以只要让学生了解大致的意思即可，不如把时间花在其他文体上。还有一部分老师认为，自己不擅长讲解古诗文，让学生背背书下注释，多积累一些常识即可。种种迹象表明，老师们并没有把古诗文教学放在一个十分重要的位置上，也不愿意把宝贵的时间花在讲解、学习、阅读古诗文上。并且在认识上存在很大的偏差，没有把古诗文教学放在与其他文体相等的位置上对待，有厚此薄彼之嫌。

2. 诗歌丰富的教学价值与教师单一的处理方式之间的矛盾

古诗文教学的矛盾不仅体现在时间和教学安排上，还体现在对诗文教学的处理上。据我了解，大多数老师还是停留在串讲、翻译的层面。有一部分老师选择照着教参上的内容讲解一遍草草了事，还有一部分老师选择以练代讲，用练习和做题来弥补讲解上的不足，甚至是代替讲解。

诗歌饱含着作者的思想感情与丰富的想象，语言凝练而形象性强，想象力丰富，具有鲜明的节奏，和谐的音韵，富于音乐美，语句一般分行排列，注重结构形式的美。照理说，这样"美"的文体，应该让学生好好领悟、品位才，但重朗读轻分析一直是诗歌教学中存在的一个问题。一些教师认为，诗歌还是要多读，书读百遍其义自见。所以在教学时基本上是让学生多读几遍（变换不同形式读），然后再结合书下注释讲讲其中的典故和常识就算教完了。诚然，诗的语言具有音韵美，形式上具有艺术美，但如果教师不讲解，只是一味地让学生读，那么对于初中生而言，他如何从朗读中获得美的体验和感悟？没有相应的指导和合适的教学处理，学生如何能体悟到诗歌丰富的内涵和奇美瑰丽的意境呢？难道这些内容都不需要讲或者都只寄希望于朗读吗？显然这样的处理方式过于简单了。

我认为，诗歌作为一种语言凝练、内涵丰富深刻、手法多样的文体，它的教学价值不只是给人带来美的熏陶，还应该让学生学会如何读诗，如何将感受到的美说出来，并尝试付诸笔端，转换为实实在在的能力，在自己的学习生活实践中，提升自己的审美情趣和审美能力。

3.明确的教学要求与教师模糊的解读意识之间的矛盾

部编版教材相对于沪教版教材而言，明确了课前预习的任务、教学思考的方向和课后积累的意义。

以部编版八年级上册第三单元中的"唐诗五首"为例，在"预习"中明确提出两个任务，分别为：（1）"唐代是诗的时代。"唐诗流派众多，名家辈出，佳作迭现，是中国古代诗歌的巅峰。查找资料，熟悉有关唐诗的常识，了解本课五位诗人的生平和他们的文学成就。（2）反复诵读课文，读出节奏与韵味，感受律诗的格律之美，领略五首诗作不同的风格。这两个任务明确了学生在学习诗文之前要做的准备工作，同时也为教师的教学打下基础。课后的"思考探究"则给出了学习这些诗的关键问题与建议，例如，《野望》描绘了一幅什么样的画面？联系作者的生平，说说你对作者思想感情的理解。这个问题中的"联系作者生平"明显与"预习"任务相关联，"描绘了一幅什么样的画面"则是抓住了理解这首诗的关键。同时在"积累拓展"中又进一步明确了"预习"环节中的任务要求，具体要求如下：背诵这五首诗。以其中一首为例，参考补白，具体说说律诗在对仗、押韵方面的特点。这就呼应了"预习"中的"读出节奏与韵味，感受律诗的格律之美"这个要求。由此可见，部编版教材对教学的各个环节都提出了明确的要求，教师只要在教学中落实这些要求就能很好地教学这首诗，也能很好地与教材编写意图相符。

但事实上有相当一部分老师并未意识到教材中各个环节之间的关联，因此在使用教材的过程中不得要领。除了解读教材的意识模糊之外，教师的文本解读能力也是致使其处理诗歌方式简单、教学设计单一的问题所在。

二、中考改革大背景下古诗文教学该教什么

《义务教育语文课程标准》（2011年版）对诗歌教学提出了明确的要求："诵读古代诗词，重视积累、感悟和运用，提高自己的欣赏品位。"如果我们单纯地把"积累"理解为"背诵"，多朗读自然能够提升"感悟"，在写作文时能引用几句诗词就是"运用"，并且认为做到了这些就能提高自己的欣赏品味，这是错误的。

我曾在电视上看过一个五六岁的男孩能熟背唐诗三百首，并且能知道诗中的典故和词语的意思。我也相信那个孩子是理解了诗歌的内容和主题的，但是你要让他说说诗好在哪里，他就未必能说得出一二三了。就好比你看到一个人着装很美，你知道那就是美，但是别人问你美在哪里，你却说不出。这就是能感知到美，但却说不出美。举这个例子并不是否定那个孩子的能力，而是想通过这个例子阐明"积累""感悟""运用"是一个渐变的过程，这三者与"提高自己的欣赏品位"之间在某种情况下是可以相互转换的。况且，在不同的阶段对"积累""感悟""运用"的要求是不一样的，例如学诗的初期"积累"是重要的，积累多了对诗文感悟也会随之加深，而检验"欣赏品位"是否得到了提升还要看"运用"时能否自如、得体。

诗歌确实能给人带来美的享受，能陶冶人的情操，诗歌自身的特点决定了人们可以通过诵读、欣赏、品味来获得某种精神上的满足。

我国现代诗人、文学评论家何其芳曾说："诗是一种最集中地反映社会生活的文学样式，它饱含着丰富的想象和感情，常常以直接抒情的方式来表现，而且在精炼与和谐的程度上，特别是在节奏的鲜明上，它的语言有别于散文的语言。"这个定义性的说明概括了诗歌的几个基本特点：第一，高度集中、概括地反映生活（内容）；第二，抒情言志，饱含丰富的思想感情（内涵）；第三，丰富的想象、联想和幻想（意象）；第四，语言具有音乐美

(形式)。这几个基本特点也给我们读诗提供了一些基本的路径：吟诵诗歌感受语言形式之美，关注内容了解一时一地之风，抓住意象体悟意境或情感。

我们不妨把"课标"的要求、诗歌的基本特点与中考的考纲结合起来，看看诗歌该教些什么。"诵读"的目的是为了感受诗歌的音韵美，也是为了理解内容；"积累"的不只是一些字词的解释、典故、常识，更应该让学生积累一些风土人情，积累描述生活的形式，积累诗歌创作的手法；"感悟"则可以以丰富的想象、联想和幻想（意象）为桥，有的放矢不空谈；我理解的"运用"不仅仅是运用所学的古诗词，更是运用在学习古诗词过程中所积累和感悟到的内容，而最终所指都是为了要提升欣赏品位和审美情趣。也就是当我们在学习诗歌的过程中积累了丰富的知识，感悟到了诗人的情怀和志向，并且能将所学在学习和生活中灵活自如地使用，在这个过程中审美情趣和欣赏品位才得以提升。我以为，这也完全符合新中考考纲的要求，由记忆性的知识向阅读欣赏转变，最终的目的是避免死记硬背式的机械学习，将能力提升作为新目标。

三、中考改革大背景下古诗文教学实施建议

随着中考改革号角的吹响，部编版教材逐渐替代各地方教材，这给语文教学带来了新的改变，当然也给语文教师带来了巨大的挑战。有些老师可能一时间还有些不适应新教材，毕竟新教材意味着从头再来；可能一时间对中考改革有些摸不着头脑，对新中考的新题型有些吃不透。但是已经过了一个学期的适应期，老师们应该从不适应到适应，从模糊到清晰，为此我想对古诗文教学提几点教学建议：

1. 尊重编者意图，合理使用教材

部编版教材无论是在选文组元上还是教学提示上，都得到了广大一线教师的认可和青睐。一线教师在使用教材的时候应该考虑编者的良苦用心，尊重他们的编写意图。例如，部编版八年级上册的第12课和25课，两课均是以"群文阅读"的形式出现，编写者的意图已然明了。那么对于一线教师而

言，就应该努力以群文阅读的方式来组织教学，这样既符合编写意图，又能保障整册教材的教学时间。

同时在合理使用教材方面，教师（尤其是新教师）完全可以跟着教材的安排，按照"预习""思考探究"和"积累拓展"几个板块的提示组织教学。因为这些提示都是专家们集体思考的结晶，既能从学生的学情和需要出发，又能关注文本特征。在我们对文本没有很好的教学思路和深刻的理解的时候，不妨跟着书上的提示组织教学。但是在这个过程中，也要发挥自己的主观能动性，教师不只是教材的使用者，同时也是教学的创造者。教学不只是教教材，更应该是用教材教。基于此，我建议如果是新入职的年轻教师可以跟着教材的安排走，同时在教学形式上进行一定的创新，使自己的教学形式变得丰富多样。

例如在讲解《野望》这首诗的时候，"感受律诗的格律之美"，除了通过反复的朗读，还可以让学生通过填字比较的方法来体会诗歌的格律。这首诗首联不入韵，韵脚在第4、6、8句，押"ei"，为平声韵。那么教学时可以把第4、6、8句的最后一字隐去，让学生填入自己认为合适的字，然后从内容和韵律两个方面同原诗进行比较。

野 望
王绩

东皋薄暮望，徙倚欲何依。
树树皆秋色，山山唯落（ ）。
牧人驱犊返，猎马带禽（ ）。
相顾无相识，长歌怀采（ ）。

这样操作有两个好处，一是让学生自己知道诗歌的韵脚，总结律诗押韵的特点，同时还可以体会诗人用语的准确和巧妙。形式上的创新也必然会关系到内容的理解，进而使教学由浅表走向深入。二是可以调动学生自主学习探究的兴趣，以往总是听老师讲、记老师的话，使学生在学习过程中逐渐丧失了学习的兴趣和乐趣。所以，要把学生的兴趣调动起来，要让他们自己去摸索、感受、体会，变被动的接受为主动的探究。

作为有丰富教学经验的教师更应该尊重和利用好教材，无论是在教学进度统筹规划上还是在具体教学实施中，都应该在尊重编者意图的前提下教学、拓展，不应该把自己的喜好和擅长与否作为教学的依据。对自己擅长的文体就大讲特讲，对考试分数多的内容就大练特练。

2. 品味语言，激荡思维

"课标""考纲"和"教材"是和谐统一的关系，它们之间并不是互相矛盾的，完全可以彼此兼顾，关键是看教师如何理解和处理教学。古诗文教学的最终目的是提升学生的审美情趣和欣赏品位，而提升学生的审美情趣和欣赏品位当以语言为抓手，通过品味语言来激荡学生的思维，再使其审美情趣和品位得以提升，这是古诗文教学的正途。我在古诗文教学中一直以语言为抓手，通过品析语言来触发学生的深度思考，加深其对诗歌的认识，提升其解读品味诗歌语言的能力。

（1）通过"替换"品味语言。

"替换"是品味语言的一种方法，也是古代文人在"以文会友"时喜欢玩的一种游戏。把诗中原字隐去，让大家根据自己的理解填入新字，并说明缘由，最后再与原诗比较。这一方法针对有一定文学基础和诗歌创作的文人，在教学中可以稍作调整降低难度以适应初中生的认知水平。

例如在讲解《野望》这首诗时，我将颔联中"树树皆秋色"一句中的"树树"改成"叶叶"，让大家比较品评哪个更好。或许是学生们听腻了老师喋喋不休的讲解，所以当我让大家作比较分析的时候，同学们立刻来了兴趣。大家经过一番讨论最终认定还是原诗中的"树树皆秋色"好，原因是"叶叶"是每一片树叶，如果每片树叶都是"秋色"，那树上还有"叶叶"吗？都落光了。树叶都落光了那还是秋天吗？既然是"秋色"，就应该是秋天的色彩。"树树皆秋色"这句诗中所描绘的秋天树叶的颜色是不同的，有的绿，有的黄，有的枯……这是有层次的，是丰富多彩的。不但如此，大家还联系了下句"山山唯落晖"——夕阳照映下的山林也是色彩丰富、层林尽染的。这两句诗对仗工整，富有意境，能引人入胜，有很强的画面感，给人以丰富的想象空间。可见诗人观察之细致，描写之真实。

通过字的"替换"调动了学生探究、合作意识，激发了学习兴趣，思维在与诗歌深度接触过程中得以训练和提升。这样的学习，学生记住的不只是这句精彩的诗，更学会了如何分析、品味诗中凝练、精彩的语言的方法。

（2）通过提问激荡思维。

提问与思维关系紧密，教师要想提出一个好的问题就必须有缜密的思考、深刻的理解，学生也是一样。一直以来，学生学习都是通过教师的问题调动的，一直以来，老师们都认为，知识与技能是在思考、回答老师提出的问题中获得的。其实除了回答老师提出的问题之外，学生自己也可以提出问题，甚至可以说当他们有了提问意识以后，学习才会真实地、真正地发生。所以我所说的"提问"更倾向于让学生提出问题，针对他们不理解的或者感兴趣的内容提出问题。提问的发起者是学生，回答者可以是学生也可以是教师，还可以是师生一同回答。

例如在讲解《野望》时，有学生就提出这样的问题：文中颈联说"牧人驱犊返，猎马带禽归"，这里提到了"牧人""猎马"应该是指代猎人，他们两个"不相识"但为什么都在唱《采薇》这首歌呢？有一位同学在这位同学的基础上作了补充：诗中还有一个人——诗人，应该说他们三个人都不认识，但却都在唱《采薇》。这样一来，这首诗就有意思了，同学们的思维被这样一个问题调动起来了，大家眼中闪烁着快乐的光芒。

这两位同学的问题不但关注了诗中的人物，还关注了诗中所提的"画面"，一幅再正常不过的傍晚图景，又是一幅极为不正常的傍晚图景。试问如果没有思考，怎么会提出这样的问题呢？提出了这样的问题又怎能不激发他人的新思考呢？由此可见，培养学生的提问题意识更有利于激发他们的思维。

3. 好的教学设计来自深刻的文本解读

文本解读是一个教师的看家本领，直接关系到教学设计。深刻的文本解读又是好的教学设计的基础，没有系统地思考、解读文本，这样的教学设计多是人云亦云或者依葫芦画瓢的模仿。古诗文的解读更见一个人的欣赏能力，它不仅需要敏锐的洞察力，更需要有大量的资料作为支撑。我的做法是先自己读诗，反复地读，然后再思考问题，最后再查找资料证实。

《野望》这首诗有三个教学环节：填字感受律诗的格律之美；换词感受诗歌语言的精准之美；提问感受诗歌的内涵之美。我设计的底气是来自对这首诗的深刻理解，要想上好一堂课必须在文本解读上下功夫。

课改正在如火如荼地进行着，语文学科任重道远，作为一线教师的我们更应该清楚自己的职责。在中考改革的大背景下，我们必须认清古诗文教学的重要性。当我们明确了古诗文教学的核心任务，掌握了一些教学策略，兼顾"课标"与"考纲"的要求，才能在古诗文教学过程中带领学生领略古诗文的意境之美和中国传统文化之美。

后记　一个一线教师的专业成长之路

一转眼踏入教师这个行业已经12年了，回头看看自己的学习与成长之路，大致可以分为四个阶段：名师引领，自觉学习，坚持实践，反思写作。

一、名师引领

1. 黄建初老师的启发

牛顿说：如果说我看得更远，那是因为我站在巨人的肩膀上。我虽然还未"看得那么远"，但却是一直站在巨人的肩膀上。我的成长经历虽然没那么多曲折，但也并非一帆风顺。在入职的前五年，可以说基本是靠大学教法课以及实习的"老底"，讲课、作业、考试、讲课，无休止的重复和低效率的工作，让我陷入了一个昏暗的黑洞之中。于是，我想到了"逃离"，从闭塞和落后中逃离，从重复和低效中摆脱。于是，我加入了一所新的学校。也就是在这所学校，我认识了后来对我的教学和思想产生了巨大影响的黄建初老师。

黄建初老师是浦东新区教育发展研究院原科研室主任、特级教师，也是我的恩师。我与他的故事曾经写进过我的几篇关于学习共同体的文章中，他是我走进学习共同体的引路人。

初识黄老师是在2012年的秋天，那时候黄老师到我们学校（南汇四中）指导教科研工作。有一次我与他谈到了我在现实教学中的一个大胆尝试，他听了之后非常感兴趣，鼓励我把它写出来，还介绍我看佐藤学教授的《静悄悄的革命：课堂改变，学校就会改变》一书，并提出要进我的课堂看看。我们就这样一来二去地熟悉了，成了忘年之交。

　　说到我的大胆尝试，还是要感谢学校对我的厚爱。那是我刚调入南汇四中的第二年，也就是2012学年的第一学期。因课务需要，我被临时安排了三个班的语文教学，作为备课组长，我责无旁贷，必然要在学校需要时挺身而出。虽然我那时已有六年的教学经验，也算是老手了，但是却从未有过同时带三个班的教学经历，我知道这对我来说是个巨大的挑战——在以讲授为主的大环境下，在竞争极为严峻的学校氛围中，我该如何保证三个班的教学质量，尤其是新带班级的成绩。在教了一个月后，我才发现我遇到的不仅仅是成绩的压力，还有来自我身体的不适。刚开始三个班级的讲授和作业任务，我还应付得来，可是后来渐渐发现自己整天像踩了棉花一样，经常感到疲累和体力不支。我知道再这样下去，早晚要倒下，那这三个班谁来带？所以，残酷的现实逼迫着我要"偷懒"了，说实话，那时候我对自己接下来的大胆尝试在一段时间内一直心存内疚。为了合理地分配体力，我渐渐地让学生参与回答问题的次数多了，讲话的机会多了，思考问题的时间长了。后来我又让学生参与问题讨论以及部分作业批改，没想到课堂的氛围不但更加活跃，而且在一个月后的期中检测中三个班的成绩居然相差无几。这次的经历，除了黄老师以外我从未向他人提及。跟黄老师交流，主要是因为我一直十分困惑，我这样的"偷懒"行为，为什么没有给所带班级带来成绩下滑的结果，反而是使新带班级的分数有增无减。

　　黄老师听了我的介绍之后，十分感兴趣，他跟我说：你的这次尝试很有意义，可以把它写出来，我可以给你提供一些帮助。后来我按照黄老师的要求以叙事的形式写了一篇《我的另类复习课》，黄老师还为我的课堂找到了理论支撑——学习金字塔理论。没想到这篇出于实践的小文章，获得了浦东新区"我的教学故事"征文二等奖，也就是这次的"甜头"开启了我的科研之路，也开启了我日后的学习共同体的研究之路。

　　后来，黄老师告诉我日本的佐藤学教授有一种教学理念，跟我的实践很相似——把课堂还给学生，要相信学生的能力。当我第一次拿到黄老师推荐的《静悄悄的革命：课堂改变，学校就会改变》这本书时，我被那种开放、自由、平等的教学范式深深地吸引了，我为之着迷并开始思考我的教学。可以说，是黄老师将我引入了学习共同体的学习之路。十多万字的一本书，我不到一周就读完了，爱不释手，一气呵成。慢慢地，在黄老师的带领和指导下，我开始从事学习共同体的实践研究。我将之称为我的第一个研究阶段——从四人分组到三人分组的尝试，从复习课到常规课再到全课型的拓展，从实践操作再到理论学习，从 2012 年到 2014 年，我信心满满地实践着我理想中的学习共同体。这期间经历的误解、质疑和反对的声音都成了我日后反思、前行的宝贵经历。

校内没有同伴，我就到校外去寻找志同道合的同伴，没人听我的课，我就邀请工作室的同伴做我的课堂观察员，没人听我诉说，我就找陌生人倾诉。后来我在四中带的第一届毕业生取得了让我满意的成绩，40 名学生及格率达 100%，区重点以上录取率达 85% 以上。我用行动证明了我所做的事情的存在意义和价值，也回击了那些曾经质疑和否定学习共同体的声音。

再后来，我有幸加入了黄老师的"科研名师工作室"，结识了许多志同道合的朋友，他们其中很多人后来都成了我课堂上的观察员。在工作室学习期间我结识了陈静静老师、王丽琴老师、陈璞老师、张娜老师、郑新华老师等一大批博士、特级教师，他们成了我日后前行的导师和榜样。2015 年，黄老师介绍我加入了民盟，开启了我又一段学习之旅。

总结一下我与黄老师的故事，可以归纳出这样几点感悟：一是我们一线教师的土办法、小实验其实就是在搞科学研究，只不过这种研究缺少理论支撑和经验整理，所以研究成果仅限于个人并局限于地域。二是只要坚持去做一件事总会有所成就，只是很多人还没坚持到底看到成绩就半途而弃了。三是一线教师之所以无事可写、无文可做，主要原因是自己缺少实践、缺少对自己所做之事的总结和反思。

2. 陈静静博士的提携

我从来没想过，一个年轻、普通的一线教师会有机会站在聚光灯下，跟自己的教育同行们交流自己的实践经验和学习心得；也从来没想过自己有一天会成为别人羡慕和学习的对象；更没想过自己会成为当下最炙手可热的学习理念——学习共同体的"领航教师"。我从没想过的这些，都借助陈静静博士的提携得以实现，这对于我而言是莫大的荣幸，也是巨大的鼓舞。

如果说黄建初老师引领我进入学习共同体，让我看到了不一样的课堂，点燃了我的科研与教改之梦的话，那么陈静静博士则是我的又一位"贵人"，她让我更进一步了解了学习共同体这个"生态系统"，这不仅开阔了我的眼界，还提升了我的境界。也是她让我下定决心、坚定信念将学习共同体的实践研究进行到底。我这两年对学习共同体的认识、实践与研究在很大程度上得益于静静博士对我的点拨、指导。没有她"醍醐灌顶"及在关键时刻的"出手相救"，可能我的学习共同体之路现在早已半途而废，而我也早已淹没于芸芸众生之中了。从这个角度来说，静静博士不但是我的"贵人"，更是我人生道路上又一位导师，是她改变了我，也成就了现在的我。这一切的改变都源于那次特别的研讨经历。

我清楚地记得那是2013年元旦前后，窗外纷纷扬扬地飘着小雪，我们一共七八个人在教发院的一间小会议室里做课例研究。内容是前一段时间光明学校秦志军老师上的一节"小组合作"（那时候还不叫学习共同体）的数学课。静静博士用日本分析课例的方式，把教学录像一帧一帧地回放，将课堂中学生学习期间发生的故事娓娓道来，并做了细致入微的分析。40分钟的教学内容，居然花了四个小时的时间进行研讨。这样的研讨方式对我来说是那么的奇妙，也可以用叹为观止来形容，我从来没有像那天一样认真地参加过任何一次教研活动。如果说课堂观察改变了我观课的视角，那么课例研究则改变了我思考的方式。从那时起我开始思考很多从未想过的问题，如教师在课堂中的定位，师生之间的关系等。

2014年，我在南汇四中所教的第一届毕业生取得了不错的成绩，可我却陷入了迷茫与困惑之中，接下来我该何去何从？为了将学习共同体与语文学科更好地结合起来，我开始了一系列的尝试。我申请了一个课题，用学习共同体的方式研究"抛锚式教学"和"支架式教学"，后来又陆续研究"问题化教学"和"批判思维"。这段时间我跟学习共同体的距离有些若即若离，用陈静静博士的话说"弯路"走得够多了。让我非常感动的是，在我不断尝试的过程中有一个伙伴一直帮助我，鼓励我，支持我，她就是静静博士。

我跟静静博士认识有六年多的时间了，但她真正进入我的课堂是从2015年4月开始的。那时我用支架式教学法教《百合花开》，我给她发微信说：我要上节课，想请你指导一下。她回复我说：你开课我一定来。说实话，那时候我还没有真正地理解什么是"协同学习"，也根本没想通"学习共同体"到底应该怎样跟语文课很好地结合起来。所以那堂《百合花开》上得有些不伦不类，用静静博士的话说，"支架"搭得太多，学生容易被"担架"抬出课堂。事实也确实如此，老师过多的预设和干预，总是想让学生顺着自己的思路走，稍有差池便要生拉硬套，不给学生留出思考和研讨的时间。种种迹象表明，这节课跟传统的讲授式课堂并无本质的区别。后来我又上了几节失败或者说不理想的学习共同体的课，总会有各种问题暴露出来。例如在《壶口瀑布》中我不能接纳学生的回答，粗暴地否定学生的回答，致使学生被否定之后情绪一度十分低落。再次教《百合花开》时被学生"牵制"，见到有举手的同学便像抓住了救命的稻草，导致一堂课有一位同学举手发言十几次，但每一次都讲不到点上，而别的同学却没能得到回答问题的机会等。这样的问题比比皆是，后来静静博士跟我说：你还没想通，学习共同体是"道"不是"技"，你还是要好好读读佐藤学教授的书。有了这些教训，我又开始静下来读《教师花传书》，结合书中的一些话反思自己上课的得失。例如书中有一句话是这样说的：我们能理解学生说话的意思，却不能理解说话的学生。在之前的几节课中，老师和学生的地位并不是平等的，教师也没有站在学生的角度看待自己的教学，课堂还是以教师为主导，却没能突显学生的主体作用。再比如，设计、反思和组织儿童的学习活动都需要教师具有高度的专业见识。我们一直在做的是设计、反思和组织教师的教学活动，而并不是学生的学习活动。教师的个人教育哲学还是没转变过来，用学习共同体的形式上传统观念的课，等于是"挂羊头卖狗肉"，形式还是大于实际。

2016年12月，静静博士终于"下水"上了一节学习共同体的示范课

《佐贺的超级阿嬷》。在 80 分钟的课堂中，我看到了什么是"妙花"，师生之间竟可以如此信任、平等，课堂中到处洋溢着和谐自由的氛围，同学之间竟可以如此协同学习。这节课对我的启发实在太大了，我好像一下子想通了。"学习共同体"应该是以师生共同学习为前提，老师只有相信学生，学生才会超越自己、超出老师的想象。平等的师生关系是建立在彼此信任的基础上的。

其实，学习共同体并不是多么高深玄妙，它是能够让人看得到感受得到的一种学习关系的建立。在这种关系中，只有教师先改变自己，才能改变学生，改变课堂。

想通了这一点之后，我开始重整旗鼓，再度出发，在今年的 4 月上了一堂《爱莲说》。虽然还有很多的不足，但我已经隐约地感觉到学习共同体的血液在我的课堂上自由、安静地流淌着，那就是我要的课堂。静静博士也在，课后的研讨进行了四个小时，我记得那天下着小雨，散会后我们又在学校的甬路上淋着雨聊了好久，我知道她在为我的成长而高兴，我知道我与学习共同体的距离更近了。

再后来，我和静静博士以及其他学习共同体的伙伴一起去了云南昆明，去了浙江台州的三门县，又去了四川的马尔康，江苏盐城的滨海，山西的运城，吉林的长春等省市县交流，先后给校长、老师和学生上了《雁》《百合花开》《天游峰的扫路人》《凡卡》等学习共同体的研讨课、观摩课，开了《先河后海，逐本溯源》《解读课标给语文教学松绑》《我的学习共同体成长之路》等讲座。

3. 李百艳校长的指引

李百艳校长是上海市建平实验中学的校长，也是我的导师。2017 年 9 月，我调入建平实验中学，感受到了前所未有的"家"的温暖。同事们的热情、领导的照顾和关心，都让我这颗"漂"了十年的心，找到了归属感。说实话，建平实验中学的工作压力和强度都很大，但我却总觉得身上有使不完的劲，头脑中的想法一个接一个地蹦出来，不知疲累地工作和学习着。

李校长是我的导师，也是我极为仰慕和敬重的语文大家。我从工作时就耳闻李百艳的大名，那时她还不是校长。我记得第一次听她上课就是在建平实验中学，那时我刚踏入工作岗位，她上的是中考议论文复习课。我还记得那节课上，李老师引用叶圣陶先生的《语文教学二十韵》中的两韵——"作者思有路，遵路识斯真；作者胸有境，入境始与亲"作为理论支撑。后来也听过很多名家上课，但那节课我至今记忆犹新。从那时起，我便立志有一天也要像李老师那样教语文。

2016年，我加入了李百艳校长主持的"名师基地"，成为同行口中"黄埔三期"的学员。也正是从加入了李校长的基地开始，我才确定了自己新的研究方向——学科本质的研究。在"基地"培训的两年里，在导师的引领下，我开始钻研语文教学。在"开眼界，厚底蕴"的学习目标的引导下，导师为我们搭建了展示的舞台，也提供了学习的平台。备课、磨课、上课、研课，每一个环节都有高标准、严要求，精益求精，有匠人精神。

后来，我调入建平实验中学，李校长非常关心我，也时常激励我。记得有一次，我跟李校长汇报工作，校长对我说："小程，年轻就是用来拼搏的，你要在教学上多下功夫，在研究上多花心思，功到自然成。"这句话给了我很大的激励，我知道那是她的经验之谈。由于学习共同体实践的需要，我会时常在学校开展一些活动，无论是上课还是研讨或者交流，校长给了我很多的支持和指点。2017年的寒假，在学校工会领导的支持下，我组织了一个阅读团体——享读社团，使我在建平实验中学的学习共同体研究之路又向前推进了一步。

二、自觉学习

我一直认为，学习是一件非常个人的事，自己不学别人帮不了你，因为再有办法的人也教不会一个假装学习的人。但只要你意识到学习的意义，找到了学习的目标，那么学习就会是一件快乐的事，而且所有学习之门都会向你敞开。

我真正意义上的学习应该是从30岁开始，当我的朋友圈里出现了"博士""特级""教授"这些符号的时候,学习变得自觉了。大数据时代,网络的便捷使学习从主动地搜索变为被动地"发现"。朋友圈中大量的学习信息充斥着眼球,也燃烧着你的智慧。如何利用碎片时间,在知识的海洋中畅游是需要"眼光"的。从一篇微信推文到一个作家、学者再到相关的论文、著作,这是我常遵循的学习路径。这个时期我读的书开始慢慢多了起来,从教学著作到科研著作,从文本解读到课堂实录,从文学作品到文学批评不一而足。虽不精通,但各有涉猎。

书读得多了自然就会分辨、会选择了。文本解读上我更喜欢孙绍振先生和钱理群先生的书,教学类的书我更多地选择了钟启泉教授、佐藤学教授以及陈静静博士的书。

当理论跟不上实践的脚步时,学习就变得自觉了。自从2012年接触学习共同体以来,在相当长的一段时间内,我处于一种"闭门造车"式的实践状态中。虽然有黄建初老师的指导,但那个时候读书太少,尚未理解学习共同体理论的精髓。所以,一直在学习形式上研究,在合作方法上思考。虽然在最初的阶段还是有所收获的,但随着研究的深入和实践课领域不断延伸,发现合作讨论的形式并未如自己预期的那样,让学生对语文和学习语文产生太大的兴趣。这时候,我才回过神来,原来自己的实践落后于理论了,虽然研究了三年但自己还在原地打转。于是,开始阅读,如饥似渴地找寻精神的给养。但是读什么呢?书海捞"真"绝不是一件容易的事。还是静静博士点醒了我,她跟我说,虽然你觉得自己对文本的理解已经够深刻了,但那只是你自己觉得罢了。没有对文本的足够透彻的认识,合作的形式就不会发挥它应有的价值和作用,所以,当务之急还是要在"学科本质"上下功夫,打通自己的"任督二脉"。听君一席话胜读十年书,一语惊醒梦中人啊。我恍然大悟,原来我缺少的恰恰不是学习共同体的理论,而是本学科的理论。找到了方向,就不再迷茫和彷徨了。

学习这时候就在我的身上发生了。反观自己的教学,其实也是如此。当学生处于迷茫和不知所措的时候,就是教师该站出来引导、指明方向的时候。当学生自己无法解决现有困惑的时候,就是教师发挥其作用和价值的时候。教学就是在学生出现会与不会的两种可能之间，在已知与未知中间搭起一座"桥"。

客观环境和主观学习的意愿结合起来，就促成了学习的自觉。这一点，在我身上体现得淋漓尽致。

三、坚持实践

实践是检验一切理论是否可行的最好途径，经得起实践检验的理论就是好理论，经不起实践检验的理论纵然再高深莫测，也不过是空中楼阁、水中月。为了证明学习共同体的理念能在中国的土壤上开花结果，在陈静静博士的带领下，我们的团队正在做着不懈的努力。作为学习共同体理念的实践者、研究者以及受益者来说，我坚信这种理念一旦被广泛地运用到教学中，定会给现有的教学注入一股新鲜的血液。它不仅会让我们本已扭曲的教育脉搏重新焕发活力，更会让亿万学生在学习中收获前所未有的快乐和能力。我六年来的学习共同体实践经历，主要可以分为三个阶段：

1. 摸着石头过河

应该说那是一段非常艰难的经历：一是没有可参考的学习对象，就连对"小组合作学习"这个词都很陌生；二是没有志同道合的伙伴，在整个浦东地区研究"小组合作学习"的语文老师应该也是凤毛麟角（可能由于信息闭塞我不知道）。俗话说，依葫芦画瓢。可是那时候连个葫芦都没有，只能是硬着头皮摸着石头过河了。但也正是这样的原因，迫使着我要挣脱地域的约束、跳出学科的限制，不断地向先于自己的实践者们学习。在黄老师的引领下，我结识了王丽琴老师、张娜老师，后来又结识了《教师的挑战》的译者陈静静博士。再后来，我加入了王老师的课例研修工坊，成了拓展成员；与张娜老师一起开了一门选修课；又与静静博士一起研究"学习共同体"，这都应该是因书结缘吧。

2012年到2015年整整三年的时间，我和其他几位实践者把研究的重心放在小组合作学习的人数安排（同质分组还是异质分组）、小组成员的合作关系的确立以及成员间角色的定位等问题上。在初始阶段，基本上是在复习课和作文课上使用小组合作学习的形式。为了能更加清晰地了解学生们是如何学习的，我们还邀请了黄建初名师工作室的学员们以及浦东教发院的专家们进入我的课堂观察。我当时采用的是四人分组法，每组至少一位观察员对学生的学习情况进行记录，正像佐藤学教授在案例中记载的那样，把课堂上的学习故事和学生的行为记录下来，以便反馈给任课教师，进行教学反思或调整教学思路之用。观察员张婧老师在听了我的复习课《洁白的木槿花》后在文章中写道:"程春雨老师的语文课有其鲜明的个人特点——思维缜密、语言凝练，看似应试训练，实则在解题中注意学生思维的培养。原因在于高质量的小组合作管理保证了学生交流讨论的时间和质量，绝大部分的孩子敢说、会说，课堂中显见的是能力的训练、内隐的是思维的拔节，实现了应试教育中的素质教育。"

的确如此，那时候虽然说是小组合作学习，但起到主导地位的仍然是教师。我虽然看了佐藤学教授的《教师的挑战：宁静的课堂革命》，但那时候一心要学习人家的上课形式，关注的不过是些外在的或者说策略性的皮毛而已，根本不理解什么是"保障学生的学习权"，什么是"倾听、串联、反刍"……书没读透，理论没有打通，上出来的课不过是有形无实。课堂虽然有讨论，但讨论的目的和意义却不明确；教师虽然也能倾听学生的表述，但心里的预设是不会因学生而改变的。现在看来那时候的课堂应该还未脱胎于传统课堂，一味地在"术"上下功夫，其实还根本没上"道"。

因此，在带完一届毕业生后，我发现虽然小组合作能让中等生和学困生在合作学习中找到自己的位置，无论是自信心还是学习成绩也都有明显的提升，但对于学优生的影响不大。同时我也感觉到研究小组合作并没有给我的专业素养带来多大的提升。那段时间，我再次陷入了迷茫和困惑，研究该如何进行下去，我又该何去何从？

2. 从《百合花开》到"百合花开"

2016年5月，在王丽琴老师的推荐下，黄浦区教师进修学院的魏耀发院长、上海"双名工程"教心基地的老师们，以及黄建初名师工作室的学员们共同走进了我的课堂。这次活动再次点燃了我内心的激情,并不是因为有这么多的领导和专家走进了我的课堂,而是因为在准备的过程中,我突破了自己的专业瓶颈。同时,这堂课也是从"小组合作学习"到"学习共同体"转变的一个转折点。

在黄建初老师和陈静静博士的指导下,我在这节课上作了很多新的尝试。

(1)提出研究假设。

2015年,我个人申报了一个课题"初中语文课抛锚式教学与支架式教学的比较研究"。2016年4月7日,在《百合花开》的课后研讨中,陈静静博士就"支架都由教师给出"这个问题,提出"学生也是支架"的观点,从而引出了"怎样把学生作为学习的支架来组织教学"的研究主题。

受陈静静博士的启发,我想到了支架来自教师其实质可能还是一种灌输式教学,背后隐含的观念可能还是教师低估了学生的学习能力,对他们不放心,所以每个环节都给学生搭好支架,牵着他们往前走。而且误把这种灌输认作是"有效学习""高效学习"。

成尚荣先生指出,教学的本质是教学生学会学习,教学改革必须以学生学会学习为核心;相反以教为主,一味地灌输和训练,甚至简单地"告诉",是对学生学习潜能的漠视,是对学生学习机会、学习权利的剥夺,是对学生主动学习的无情压迫。而这些,说到底是对教学本义和教学使命的曲解与异化。[1]

基于这样的认识,本节课的研究聚焦在"支架来自学生,可以吗"。研讨课就要有研讨的主题,要给观察员明确的观察建议。这节课首次引入了研究假设,对于我的课堂是一种全新的尝试,也让我体会到了研究的价值和乐趣。

(2)学习单的设计和使用。

建构主义认为,学生在进入学习情境之时并非是一张白纸。也就是说,

---

[1] 成尚荣.教学改革要坚持以学生学会学习为核心[J].人民教育,2013(22).

在学生进入课堂之前他们已经掌握了一定的经验或知识，当他们面对一个新的问题时，他们会动用已有的经验和知识，进行判断、解释或者给出假设。学生已有的经验和知识就是具体的学情，教师要依据学情进行设计和组织教学。为了搜集证据、了解学情，我设计了一份前测学习单，包括内容概括、内容理解和困惑收集三个部分，具体内容如下。

1. 概括百合花开的过程：

时间	形态	内心感受（想法）
	长得和杂草一模一样	
一个春天的早晨		
		极深沉的欢喜
	开花、结籽	

百合	结出了第一个花苞	一朵一朵地盛开
野草（表现）		不敢嘲笑
蜂蝶鸟雀（表现）		不敢嘲笑

2. 重点阅读课文 5—12 段，从野草、蜂蝶和鸟雀的视角重新填写百合花开的过程。

_____

3. 对于这篇文章你有何疑问有待解决？

_____

通过前两题可以初步了解学生对文章内容的理解程度，而第三题则让教师在确定教学目标和教学内容时，更多地关注学生的兴趣点和疑难之处，为教学设计作准备。

课上学习单以任务驱动的方式，促使学生自觉展开合作学习。通常设计两个活动内容,以独立学习为起点,再通过合作学习集思广益、取长补短,形成合力,进而促进更深刻地思考和解决问题。

(3)冲刺挑战性问题的设计。

在课上任务单的设计中,最重要的也是最困难的部分就是"冲刺挑战性问题"的设计。佐藤学教授提出的学习共同体的"黄金三角"——倾听关系、学科本质和冲刺挑战性问题。不同学段所侧重的内容是不同的,小学阶段可能更要关注"倾听关系"的建立,到了中学阶段就需要以倾听为前提,但更多的应该是关注"学科本质"以及"冲刺挑战性问题"的设计。

这节课在静静博士的指导下,我设计了一个具有一定矛盾冲突的问题:既然百合有如此众多的美好品质,为什么那些野草和蜂蝶鸟雀会不喜欢百合呢?又是为什么他们开始的时候嘲笑、讥讽和劝阻百合,而后来却又"不敢嘲笑了"呢?能不能从文中找找原因,先自己阅读圈画,然后小组合作交流。

这个问题很好地将教材与学生,学生与学生,昨天的学生和现在的学生,如同织物一样编织在一起。

在上完这节《百合花开》后,静静博士开玩笑地跟我说:你的学生上了你的《百合花开》,不但他们开花了,你自己也开花了。就像静静博士所说的那样,我觉得很多问题渐渐清晰起来,我已经跳出了"小组合作学习"的限制,研究的方向也越来越明确了,而我对"学习共同体"的研究信念也更加坚定了。此后一年的时间内,我曾在三次不同的场合上了这节课,还有两次给教师培训时也以这节课为例。每次上课绝不重复原来的设计,因为面对的学情不同,发生的问题也不同,不能一概而论。一旦想通了,你会发现就在这一篇不满800字的文章里,处处都是玄机,处处都有生机。这个阶段,我不再仅仅依托讨论组织教学了,我开始关注对文本的解读与研究,开始关注"冲刺挑战性问题"的设计,开始向更为高效的学习设计努力。虽然还是会缺少耐心,不能做到"不折不扣地接纳",但是应试的痕迹已渐渐从我的课堂中抹去,师生关系也变得更为融洽。

3.明确方向,稳步向前

应该说,我现在就处在这个研究阶段。在过去的一年里,我的阅读主要包括两个方面：一是关于学习共同体的书籍，如《教师花传书》《新时代的教师》《跟随佐藤学做教育：学习共同体的愿景与行动》等；二是关于语文专业的书籍，如《名作细读——微观分析个案研究》《听王荣生教授评课》《课文可以这样学》等。在教学上，我更加用心了，不但自己关注倾听学生的发言，也花了很多心思在学生间建立良好的倾听关系；我更加耐心了，无论学生的发言是对是错，我都会耐心地听完，从不打断也从不批评；我更加细心了，我更在意学生发言的动机和发言前后的变化以及促使其变化的原因，我不但能听得出学生在发言时的问题所在，也能揣摩出他内心的感受。我会观察学生的表情、学习状态以及协同学习之时发生的有趣的情节和故事。

（1）将"学科本质"作为现阶段的研究方向。

在前四年的实践中，我更多关注的是学习形式的改变，缺少对学科本质的深入研究，使得自己在专业发展上并未有明显的进步。2016年的第一学期，我开始着力钻研教材，吃透文本。既然学生在进入课堂之时并非一张白纸，那教师自身就更不能是一张白纸了。经过这段时间的研究，我得出一个结论：学习共同体的课，功夫在课前，功力在课上，功德在课后。

功夫在课前可以简单地理解为在上课之前教师要作好充足的准备，包括吃透文本、掌握学情、进行高品质的学习设计。佐藤学教授在《教师花传书》中这样评价一位叫田中的老师："如果不是田中老师对语言的精选与洗练，如果不是她用话语将学生们的关系联结起来的话，就没法让学生如此沉浸其中。"这让我想到了《教师的挑战：宁静的课堂革命》一书中的另一位叫滨野的老师，滨野老师在讲《魔奇树》一课时，话语很少却将整堂课很好地"串联"起来。书中这样写道，和夫说："为了爷爷奔跑。"方树接着说："真害怕。如果爷爷死了，真是害怕极了。"此时，滨野老师敦促大家注意："有几处说了'害怕'？出现了两处呦！"佐藤学教授认为滨野老师的这次"点拨"对整节课的展开是至关重要的。

可见，上面的两位教师在进入教室之前是做足了功课的。所以，在课上他们才会表现出柔软的姿态，发挥着穿针引线的作用。

功力在课上是说，教师在上课之时扮演的角色应该是倾听者、学习者和问题的发起者。谈吐要有风度，点拨要适度，回应要有温度。佐藤学教授认为，"倾听"是课堂的第一要务。如果认为教师上课只要"听"学生发言即可，那就大错特错了。"倾听"不仅是"道"，还是"术"。为什么有的教师非常尊重学生的发言，倾听的姿态柔软而温和，却听不出学生发言的"问题所在""关键所在""价值所在"？为什么观察员（听课者）在听到学生的发言时马上会想到与课文的联系，与前面发言同学的联系，乃至与接下来的教学的联系，而执教者却"听"不出呢？究其原因，大致有二：一是执教者根本没有吃透教材，课前功课准备不够充分；二是执教者满脑子都是自己的理解和预设，根本听不进去学生的发言。因此，无论学生说什么，怎么理解，教师还是会把他（她）拉回到自己的预设之中。这种无效的倾听，仅仅是在形式上做做样子，教师的学科学问还是有所欠缺的。"虽然具备教学执行方面的能力，但在设计与促进学习的教育学、心理学方面的知识还不充分"，佐藤学教授在《教师花传书》一书中写道。

功德在课后是说，学习不仅限于在课堂上的收获，最好的教学是可以开启学生的兴趣之门。所谓"教学"，就是"教"学生"学"，是为了在教师"不教"之时，学生也能"学"。陈静静博士曾在南汇五中上了一节《佐贺的超级阿嬷》的阅读课，经过80分钟的学习，学生充分阅读、讨论了30几页的文本。更让人欣喜的是，当陈博士把《佐贺的超级阿嬷》这本书作为礼物送给全班同学时，很多同学表示要好好阅读。据任课教师后期反馈，其中一位女同学居然读了两遍。这就是功德在课后的典型事例。

（2）构建校内的"同僚"关系。

我曾经一度认为自己是微不足道的，而教师们只关心分数不重视学术的风气也让我非常失望。2017年9月，我有幸调到建平实验中学工作，这里的老师们和谐团结，让我感受到了如家一般的温暖和关爱。这也让我看到了构建校内"同僚"的可能。

现在流行一句话，要么加入一个团队，要么建立一个团队。一个人可以走得更快，但一群人可以得更远。在过去的五年里，我加入了两个学习型的团队（王丽琴老师领衔的课例研修工坊和陈静静博士领衔的学习共同体）。这两次学习经历让我受益匪浅，尤其是在和陈博士共同实践、推行学习共同体的本土化研究过程中，我感觉到自己的成长是迅速的，前行的脚步坚定而踏实。

四、反思写作

黄建初老师有一句至理名言，他认为一个人的成长离不开"读书、交友、写文章"，我在黄老师这句话的基础上加了一个词"读书、交友、上课、写文章"。前三者都是"量"的积累，无论是在知识上、人际交往上或是授课经验上，要想形成"质"的飞跃，还必须依靠"写文章"来实现。在我的成长之路上，这四个条件在不同时期发挥了巨大的作用。

1. 从反思实践到总结经验

从2012年接触学习共同体理念开始，我便醉心于语文课堂，才真正感觉到原来教语文是这么有趣。在经历了大量的公开课、研讨课和模拟课的教学，我积累了几十节课的教学录像、学生讨论的录音、教学实录和研讨资料，更重要的还有20多万字的教学反思、案例和论文，这些资源成了我最大的财富。在开始写作之初，我曾想过对这些原有的文章和案例进行修改，之后我才渐渐地清楚了自己在做什么，自己要做什么——我需要做的不是告知别人自己在做什么，而是希望通过自己的实践和反思能让更多的读者（教师）在了解事实的情况下，知道该如何备课、上课（以学定教的课）。虽然我擅长文本解读，但这本书的重点是从解读到实践的转化。定了这两个目标之后，我开始对已有的经验进行反思、总结、提炼，也就是在这个过程中我才渐渐地从一个实践者转型成为一个真正的研究者。

2. 读书、上课才是写作的源头活水

读书、上课和写作三者缺一不可。中世纪波斯诗人萨迪曾经说过，有知识的人不实践，等于蜜蜂不酿蜜。意思就是说，要将读书与实践结合起来，要像蜜蜂一样把知识酿成"蜂蜜"。在我看来，写作就是把实践总结出来的

经验和教训酿成"蜂蜜"的最好的办法之一。

　　读书、上课和写作是一个循环往复的过程，也就意味着学习是没有止境的，无论在何种境况中都不该满足于其中某一个方面的突出成就。如果在写作过程中出现了"江郎才尽"的窘境，根本上还是读书与实践出现了断裂。无论是边读书边实践，还是把书读透了再实践，总之，读书与实践是不能分开的。回想起我在刚实践学习共同体之初，常常忍不住要打断学生的发言，总觉得学生不如老师，教学设计也是以教师的思想为主导。现在想想根源还是没有将读书与实践结合起来，在写作这本书的过程中，我一直警惕这样的问题出现，在分析某个案例时给自己定下几个原则：先读文章，再读实录（看视频），然后反思（查资料），最后才动笔写作。

　　成长是自己的事，与他人无关。但在一个人成长的路上，必然会遇到一些人和一些事，当我们正确地对待这些人和这些事的时候，就会悄悄地成长。